地域学習支援論

■学び合える社会関係のデザイン■

荻野亮吾／近藤牧子／丹間康仁【編著】

大学教育出版

まえがき

　学校現場では、2017（平成29）年度からの学習指導要領の改訂にともない、「地域とともにある学校」の実現をめざしながら、これからの社会を生きる子どもたちに必要な資質・能力を育むための「社会に開かれた教育課程」の実現が求められている。また、地域では、人口構造や社会構造の変化に対応して、住民が主体的に課題解決に向けた実践を進めるための仕組みづくりや、立場や世代を超えて人びとが学び合える社会関係づくりが重要とされる。学校教育と社会教育の双方の視点から、学齢期に閉じない生涯学習の視野をもって、子どもから成人、高齢者までの学びをデザインする知識と技能が必要な時代になっている。

　このような社会の動きのなかで、本書の中心的テーマである「対話」「学び合い」「支援」という言葉を耳にすることが多くなった。例えば、学校で推奨されるアクティブ・ラーニングは、対話的な学びを前提にしており、公民館などでもワークショップ形式の講座が多くを占めるようになった。しかし、その多くは表面的な話し合いに終始しており、私たちに変容をもたらすような対話や、相互に認識を深めるための学び合いとなっているかは疑わしい。対話や学び合いの実践的スキルを高めるだけでなく、その原理に立ち戻ることが必要だろう。

　また、さまざまな問題を抱える地域社会では、長期にわたって当事者に寄り添う形での支援が推奨される場面が多くなっている。しかし、支援される側がどのような状態に至ることを目標とするのか、支援する側はいつまでどのように関わるのかは明らかでない。加えて、支援する側とされる側はどのような関係であるべきか、支援する側が自らの姿勢や関わり方を問い直し、共に成長していくにはどうすればよいのか、そもそも支援をする側とされる側という二分法で考えてよいのかなど、追究すべき論点は数多い。ところが、これらの疑問に答え、地域のなかの学び合いをコーディネートしていく方法を示す体系

だったテキストは存在しない。

　おりしも、社会教育主事の養成課程や講習では「社会教育経営論」とともに「生涯学習支援論」が必修科目として新設された。また、学校では総合的な学習（探究）の時間を中心に地域課題解決型のプロジェクト学習やキャリア教育とふるさと学習が進められ、大学でも地域創造や地域連携を掲げる学部が発足し、サービスラーニングなどの地域社会に参画する学習実践が取り組まれている。これらの動向を受けて、大学における教員養成課程や社会教育主事養成課程の選択必修科目、あるいは教職大学院などでの演習科目の教科書となり、現職教員や教育委員会での研修や、NPOなどの非営利組織で職員の力量向上の機会にも活用できる入門・基礎レベルのテキストを企画するに至った。

　姉妹編となる『地域教育経営論』（2022年9月刊行）では、地域における組織経営や、組織間のパートナーシップ、地域づくりのデザインというテーマを中心に扱った。これに対して、本書『地域学習支援論——学び合える社会関係のデザイン』には、成人の学習に関する基礎的理解を深め、人びとの生涯にわたる学び合いの形を描き、その基盤となる良好な地域社会をつくりあげていくための基本姿勢と具体的な支援方法に関する論稿を収録した。本書を通じて、学びの場のファシリテートと、地域の社会関係のコーディネートについての理解を深めていただければ幸いである。

　本書は四つの部で構成される。まず、第Ⅰ部「生涯にわたる学びをどう理解するか？」（6講立て）では、私たちの教育や学習のイメージをとらえ直すために、学校教育の問い返し、社会教育の特徴、大人としての成長・発達の支援といったテーマを扱う。この部を通じて、私たちの生涯にわたる学びの特徴をおさえてほしい。第Ⅱ部「学び合いをどうつくるか？」（7講立て）では、学びの場をファシリテートしていく実践的方法を順に学ぶことができる。具体的には、対話の場のデザイン、問いかけの方法、ワークショップの組み立て、学びの場づくりとふりかえりの方法、学びの評価といったテーマを取り上げる。

　第Ⅲ部「地域と学校で子ども・若者をどう育てるか？」（7講立て）では、各学校段階における地域と関わる学習の組織化、放課後の学びや貧困世帯や外国ルーツなど多様な背景をもつ子どもたちへの支援、地域と学校の間の架け橋

の築き方を扱う。そして、第Ⅳ部「地域に持続可能な実践をどうつくりだすか？」（8講立て）では、地域社会における学習実践を継続するために、感染症や公害、災害に向き合うなかでの学び、高齢者・障がい者・子育て家庭に対する学びの支援、ユースワークや公民館実践を持続可能なものにする方法について学ぶ。

　本書の最大の特徴は、学習支援に実際に臨む学生・教員・職員が、支援に携わる際の心持ち（マインドセット）を形づくり、実践的スキルを向上させられるよう、各講を短めの構成とし、その代わりに 28 講すべてにワークを配置したことである。各講の執筆は、現場での実践経験を一定程度積んだ中堅以上の研究者・実践家に依頼し、各執筆者には、現場での学びの支援にあたるなかで直面する課題とその解決方法を、本文とワークの内容に落とし込んでもらった。ワークを通じて、実践のなかで支援者の辿る思考過程をなぞることができるだろう。授業や研修でテキストを使用していただく際には、別冊のワークシートも活用して、受講者同士の話し合いを積極的に取り入れ、学習支援に関する理解を深めてほしい。

　最後に、自戒をこめて、このテキストを活用いただく際の注意点を 1 点だけあげておきたい。それは、個々の講に書かれていることを読んで、地域での学習支援について「わかったつもり」になることである。各講を読む際には、一つひとつのテーマについて、自分自身が学習者の立場だったらどうふるまうのか、支援者であればどのような関わりをしていくのか、常に想像をしてみてほしい。このことが、自分自身が学びの場でとる姿勢や、支援の際にとるアプローチを問い直すことにつながるだろう。

　本書が、学びの支援に関わる人びとの実践的力量を高めていくための教材として、長きにわたって活用されることになれば幸いである。

2024 年 9 月

編者を代表して　荻野　亮吾

＊注記

・本文中で参照している URL の最終閲覧日は、2024 年 9 月 30 日である。

・ワークシートは、大学教育出版の Web ページからダウンロードできる。
　URL：https://www.kyoiku.co.jp/06support/chiikigakushu.html

地域学習支援論
―― 学び合える社会関係のデザイン ――

目　次

まえがき ……………………………………………………………… i

第 I 部　生涯にわたる学びをどう理解するか？

第 I 部　解説 ……………………………………………………… 2

第 1 講　すべての人の生涯にわたる教育とは？ ………………… 4
　1. 人の一生と教育領域　2. 学校の特性からみる教育行為　3. パウロ・フレイレの「銀行型教育」と「課題提起教育」　4. 社会教育・成人教育の学習機会と支援の多様性

第 2 講　学びを生み出す仕組みとは？ …………………………… 12
　1. 生涯を通じた教育の理論と類型　2. 学びを生み出す日本の教育体系　3. 多様性のなかで生み出される学び

第 3 講　大人はどう発達するか？ ………………………………… 19
　1. 大人の発達をどうとらえるか　2. 成人期の発達のとらえ方①——発達段階・ライフイベント・過渡期　3. 成人期の発達のとらえ方②——発達へのナラティブ・アプローチ　4. 生涯にわたる発達をどう支援するのか

第 4 講　働く世代はどう学ぶか？ ………………………………… 29
　1. 働く世代の学習の現況　2. リカレント教育とリスキリング　3. 職場での学習を支えるもの

第 5 講　市民としての成長には何が求められるか？ …………… 36
　1. 大人になるとは——18歳成人と市民性　2. 成人教育の三つの要素——識字教育・職業教育・シティズンシップ教育　3. アクティブ・シティズンシップ教育とは何か　4. 自分が変わり社会を変える大人のアクティブ・シティ

ズンシップ教育

第6講 大人の「学びなおし」をどう支えるか？ ……………………… 43
  1. 大人の「学びなおし」とは　2. 基礎教育保障を担う学習の場　3. 国際的にも推進されてきた基礎教育保障　4. すべての人が学びから取り残されない社会に向けた学習支援

第Ⅰ部　参考文献・資料 ………………………………………………… 50
第Ⅰ部　さらに学びを深める資料 ……………………………………… 52

第Ⅱ部　学び合いをどうつくるか？

第Ⅱ部　解説 ……………………………………………………………… 54

第1講　対話に基づいた学びをどうつくりあげるか？ ……………… 56
  1. 対話がなぜ成り立たないのか　2. 対話と他のコミュニケーションの違い　3. 対話を通じた学習　4. 対話の場づくりに向けて大切にすべきこと

第2講　学びに向けてどう学習者に問いかけるか？ ………………… 63
  1. 教育における「問いかけ」の意味　2. 質問・発問・問いの違い　3. 問いを立てる学習　4. 意識変容を促す問いかけ

第3講　学び合うワークショップをどう組み立てるか？ …………… 69
  1. ワークショップとは何か　2. ワークショップの組み立て方　3. ワークショップの運営

第4講　対話と学びの「環境づくり」をどう進めるか？ …………… 77
  1. 対話と学びの「環境づくり」とは　2. 対話と学びの空間をどのように

つくるか　3. 対話と学びの場における懸念や不安を取り除く　4. 多様性に配慮した環境づくり

第5講　オンラインでの学び合いの「環境づくり」をどう進めるか？ …… *85*
　1. メディアコミュニケーションの特質について　2. オンラインのメリット・デメリット　3. オンライン講座の準備における検討事項と実施上の工夫　4. オンライン・対面の両方を活用した学び合いの環境づくりの課題

第6講　ふりかえりはなぜ大切なのか？ ………………………………… *93*
　1. 学習とふりかえりの関係　2. リフレクション／省察について　3. 学習支援者のふりかえり　4. ふりかえりの具体的な方法

第7講　学習の評価をどう行うか？ …………………………………… *100*
　1. 教育プログラムにおける評価の重要性　2. 生涯学習プログラムの評価方法　3. 生涯学習プログラムの評価における留意点　4. 生涯学習・社会教育の評価の特性

第Ⅱ部　参考文献・資料 ………………………………………………… *108*
第Ⅱ部　さらに学びを深める資料 ……………………………………… *110*

第Ⅲ部　地域と学校で子ども・若者をどう育てるか？

第Ⅲ部　解説 ……………………………………………………………… *114*

第1講　小・中学生の「ふるさと教育」をどう進めるか？ ………… *116*
　1. 子どもにとってのふるさと　2. 地域学習と「ふるさと教育」の展開　3.「ふるさと教育」における学習支援　4. 地域をつくる主体としての小・中学生

第2講 高校生のプロジェクト型学習の支援をどう進めるか？ ………… *123*
1. なぜ高校生のプロジェクト型学習が大切なのか　2. プロジェクト型学習をどのように進めるか　3. 高校生のプロジェクト型学習にどのように伴走するか

第3講 大学と地域での学びをどう進めるか？ ……………………… *129*
1. 大学における地域での学びの進め方と方法　2. 大学生の地域での学びの意味 ── 地域協働を学ぶということ　3. 大学生の育ちをつくるために

第4講 子どもの放課後の学びをどう支えるか？ ………………… *136*
1. 子どもの放課後の学びとは何か　2. 子どもが生活主体となりうる放課後支援　3. 学童保育における生活を通した学び　4. 共生教育を実践する指導員の専門性

第5講 多様なバックグラウンドをもつ子どもたちの学びと生活をどう支援するか？ ……………………………………………………… *143*
1. 学校外の学びの場にはどんな子どもたちが集まるのか　2. 地域のなかに無料学習教室を開いた経緯　3. 無料学習教室での子どもたちへの関わりの事例　4. 子どもの学びと生活の支援とは

第6講 外国ルーツの子ども・若者たちの明るい将来ビジョンをどう育むか？ ……………………………………………………………… *149*
1. 外国ルーツの子ども・若者とは　2. 外国ルーツの子ども・若者へのエンパワメント　3. 多文化共生に向けた文化的マジョリティの国際理解促進　4. 教育関係者に求められること ── 外国ルーツの子ども・若者が明るい将来ビジョンを描けるように

第7講 地域と学校の「協働」をどう深めるか？ ………………… *155*
1. 地域学校協働活動とは何か　2. 地域と学校の協働を推進するコーディ

ネーターの役割　3. 地域学校協働活動の深まりを生み出す方法　4. 地域と学校の「協働」の推進役の成長

第Ⅲ部　参考文献・資料……………………………………………… *162*
第Ⅲ部　さらに学びを深める資料　………………………………… *164*

第Ⅳ部　地域に持続可能な実践をどうつくりだすか？

第Ⅳ部　解説 ………………………………………………………… *168*

第1講　学びを止めないためにどんな支援が大切か？ ………… *170*
　1. 学習の権利に対する行政の役割　2. 生きるための学びと教育施設の支援　3. コロナ禍における公民館の学習支援　4. 学びを止めない土台づくり

第2講　当事者の経験をどう言語化するか？ …………………… *176*
　1. 公害と地域再生　2. 水島と困難な過去　3.『水島メモリーズ』による記憶の継承　4. 学びを支援していく際の工夫

第3講　被災地における支援をどう継続するか？ ……………… *183*
　1. 大地震・津波の被災と住まいの再建　2. 仮暮らし期の生活課題と支援環境　3. 住宅復興後の地域生活に向けた支援　4. 個人と地域をつなぐアセット・ベースド・アプローチ

第4講　障害者の学習を地域でどう支え続けるか？ …………… *190*
　1. なぜ障害者にとって生涯学習が必要なのか　2. 障害者の権利とは　3. 障害者と支援者の関係性を考える　4. 障害者が地域の一員となるのを支えるために

第5講　高齢者を中心とした地域活動をどう継続するか？ *196*
　1. 高齢者の社会参加　2. 高齢者の地域社会との関わり　3. 活動への主体的な関わりと学び合いの支援　4. 高齢者を中心とした地域活動の継続と継承

第6講　子育て支援を通じて地域のつながりをどう育むか？ *203*
　1. 子育てを取り巻く環境の変化と子育て家庭の「孤立」　2. NPO法人「せたがや子育てネット」の取組み　3. なぜ「子育ての共同化」が必要なのか　4. 子育てを支える地域をつくるために

第7講　ユースワーカーの省察をどう支援するか？ *210*
　1. ユースワークとその特徴　2. ユースワーカーのマインドセットと役割
　3. ユースワーカーの力量形成と省察の方法

第8講　地域の変革に向けた学習の循環や継続をどう生み出すか？ *217*
　1. 地域の変革に影響を及ぼす学習とは　2. 繁多川公民館の取組み
　3. 地域の誇りを実感できるプロセスづくり　4. 変革につながった三つの事例　5. 自らが住むまちを変革し続ける地域力

第Ⅳ部　参考文献・資料 *225*
第Ⅳ部　さらに学びを深める資料 *228*

索引 *230*

執筆者一覧（掲載順） *235*

第Ⅰ部

生涯にわたる学びをどう理解するか？

第Ⅰ部　解説

　みなさんは、今後何歳まで生き、何歳の時に何をしていたいだろうか。5年後、10年後のことを想像することは多いかもしれないが、30年後、50年後となるとどうだろうか。そんな先の話は、自分に関係ないと思われるかもしれない。しかし「人生100年時代」と呼ばれる現在、80～90歳における生き方や働き方を考えることは、私たちに無縁なことではなくなった。

　学校を出た後の学びの場として大きな役割を果たすのが地域社会である。しかし、地域における「教育」や「学習」に、学校のような教える側と教わる側という明確な関係は存在しない。誰もがあるときは学ぶ側（学習者）になり、別の場面では学習を支える側（学習支援者）になる。教育や学習をめぐる関係は流動的である。また、学ぶ機会についても、図書館や博物館、公民館などの社会教育施設のように、ある程度「教育」がイメージしやすい場もあれば、地域のグループ活動や、NPOやボランティア活動、隣近所の人びととの自治活動など、「学ぶ」といわれてもピンとこない活動も含まれている。地域における教育や学習について理解するには、これまで慣れ親しんできた「学校」という場所や、「先生」という職業からいったん離れて、「教育」や「学習」という言葉の意味をとらえ返す必要がある。

　まず、私たちをとらえている学校教育の考え方から自由になろう。第1講「**すべての人の生涯にわたる教育とは？**」では、学校教育を相対化することを試みる。この講では、フレイレ（P. Freire）の提案した「銀行型教育」と「課題提起教育」の対比から、私たちが暗黙のうちに想定している教育観を浮かびあがらせる。第2講「**学びを生み出す仕組みとは？**」では、「学び」をより広くとらえる考え方を紹介する。成人教育学者のノールズ（M. S. Knowles）の「アンドラゴジー」の考え方により、子どもと大人の学び方が決定的に異なることを、「タテの差で生じる学び」と「ヨコの差で生じる学び」の対比から、学校教育と異なる社会教育の特徴を理解しよう。

　続いて、第3講「**大人はどう発達するか？**」では、大人の成長や発達についての理解を深める。この講では、心理学を基礎にした発達課題の考え方や、

語りを通じた変容のプロセスを重視するナラティブ・アプローチなど、大人の成長・発達に関わるさまざまな考え方を紹介する。このなかで、成長や発達とは、ある地点から目標地点に向けた直線的な変化ではなく、人生を通じた絶え間ない変容を示すことが理解できるだろう。

　後半の3講では、大人の学びについて理解を深めるために、働くことを通じた学び、市民としての学び、そして大人の学びなおしという三つのテーマを取り上げる。このなかで、何が私たちの学びを阻んでいるかを考えよう。

　まず、第4講**「働く世代はどう学ぶか？」**では、働く世代の学びが進まない要因を読み解いていく。リカレント教育やリスキリングといった基礎概念への理解を深めたうえで、人生で長い時間を過ごす職場で学びを深める方法を学ぶ。具体的には、経験のふりかえり、他者からの支援（足場かけ）、そして職場外での学びという三つの観点から、働く世代に対する学習支援の方法を浮かびあがらせる。

　第5講**「市民としての成長には何が求められるか？」**では、私たちが積極的・主体的に社会と関わるための市民性（シティズンシップ）をどう育むかを扱う。日常生活を送るなかで私たちが感じるさまざまな違和感は、実は大きな社会問題とつながっている。これを一人の問題とせずに、他者と問題を共有しながら、解決の方法を考えていくことで、私たちは市民としての力を高めることができる（エンパワメント）。市民としての力を高めるにはどのような環境が必要かも、この講で学んでいこう。

　最後の第6講**「大人の『学びなおし』をどう支えるか？」**では、教育を十分に受けられていない層に目を向ける。近年では、貧困状態にある子どもの学習支援などが話題にあがることが多いが、それ以外にも居住地域や国籍などの要因により、教育から取り残された人びとが各地域に確実に存在する。この講では、基礎教育保障の概念を理解したうえで、夜間中学校の取組みを通じて、私たちの社会で「学びなおし」を進めるのに何が足りないかを考えてみよう。

〔荻野　亮吾〕

第 1 講　すべての人の生涯にわたる教育とは？

学習の目標
・教育は、子どもだけではなく、すべての人を対象とすることを理解する。
・学校における教育の特徴を批判的に見直し、生涯学習支援の奥行きを概観する。

1. 人の一生と教育領域

　教育には大きく、家庭教育、学校教育、社会教育がある。それぞれ、家庭、学校、地域と、「どこで（空間）」教育が展開されるかに着目して区分した領域である。それらを人の生涯の時間軸と合わせてみると（図Ⅰ-1）、誕生してから成人するまでの間、とりわけ就学前の時期は、家庭教育の影響が大きい。そして、概ね6歳から20歳前後までの期間は学校教育の影響が大きい。

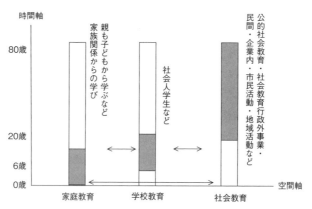

※灰色箇所はその空間軸での教育が主要となる時期を意味する

図Ⅰ-1　人間の時間軸と教育の空間軸からみる生涯を通じた教育領域
　　　　出典：田中（2020：3頁）の図1-1を一部改編。

それから、日本では学齢期を越えた成人の教育の中心は社会教育と言われる。

しかし、それらはあくまで各時期の「存在感や影響の大きさ」を概括的に意味しており、実際にはいずれの年齢にあっても各教育領域が横断的に関わる。まず家庭教育という一般的な言葉は、親や保護者から子どもへの教育を意味するが、家庭自体には子どもの被保護者としての学びだけではなく、親や保護者側の学びも多くあり、大人もまた成長する場である。また、大人になって誰かと生活を共にすれば、生活や家族関係に関する学びが生涯を通じて起こりうる。学校教育については、学齢期を超えても社会人になってから再度学校に通って専門性を高めたり、学びなおしをしたりすることもある。そして社会教育は、学校の教育課程（カリキュラム）以外の組織的な教育活動であるが、地域のあらゆるグループやユース組織などにおいて、乳幼児から学齢期の子どもたちを対象とした活動も含まれる。このように、三つの教育領域はいずれも、対象者への影響の「強度」の違いはありながら、すべての人にとって生涯を通じた学びの場である。

ここで特筆したいのは、人の一生で一番長いのは成人期である点だ。教育は、子どもに対して行うもの、としてとらえられがちであるが、人間の最も長い期間である成人期を対象とする教育（成人教育）は、どのように自らの人生を豊かにするのか、職業生活を豊かにするのか、現在の社会をどのように変えるのか、未来をつくるのか、という観点からも、とても重要な教育である。そして、身体発達や言語や情報処理能力が著しく発達する子ども期と、そうした機能は徐々に低下していくが、あらゆる経験発達をする成人期では、異なる教育内容や方法が求められる（Ⅰ部2講参照）。

2. 学校の特性からみる教育行為

（1） 学校の「教育者」の役割

これから、生涯学習支援の具体を学ぶために、まずは教育者の役割に目を向けてみたい。まずはみなさんにとってなじみのある教育者である「教師」について考えてみてほしい。

【ワーク1】学校教育をふりかえってみよう
　以下の項目についてふりかえり、各自でメモ書きをしてみよう。その後、3～4人のグループで共有しよう。
　① 小学校、中学校、高校はどんな学校だっただろうか？
　　　（どのような地域？ クラスや学校の規模・人数は？ 特徴は？）
　② 好きだった先生、嫌いだった先生はどんな先生だったか？ その理由は？
　③ 面白い授業と面白くない授業はどんな授業だったか？ どうして面白かったか、あるいは面白くなかっただろうか？
　④ 自分が「嫌いな先生」にならず「面白くない授業」をしないために必要なこととは？

【ワーク2】学校教育における教師の役割とは？
　自分たちの学校経験のふりかえりを通して、「学校教育における教師の役割とは何か」を、グループでいくつもあげてみよう。その後、全体でいくつか共有するので、グループで誰か一人、記録を取るようにすること。

（2）学校で展開される教育の特徴

学校で展開される教育の特徴をいくつかみてみよう。
① 定められたカリキュラムに沿った教育内容がある
　学習指導要領という国によって定められたカリキュラムに沿って教育内容が定められている。教師や学校は、学習指導要領に基づいて、指導案や計画を立てる。よって、子どもたちはどの時期に何を学ぶかが決められている。また、学級運営、課外活動、学校行事など、教科科目の授業以外にも、教育プログラムがあり、子どもたちの活動を通した教育がある。
② 学習到達目標がある
　カリキュラムの定めに応じて、子どもが身につけるべき学力や内容が決

められている。その目標到達に向けた教育内容と方法が組み立てられる。
③　生活管理をする
　保健や給食など、子どもの健康管理に関わる活動や、子どもの状態の「背景」となる家庭との往還がある。
　日本の学校の教育者である教師は、専門科目を定められたカリキュラム内容に従って「教授」するだけではなく、さまざまな活動や健康管理に関わる「指導」「支援」をすることも求められる。では、教師たちはそれぞれ、どういった教育観に基づいてこれらに従事するのだろうか。教育とは何を目的にし、その実現に向けて何をすべきと考えているのだろうか。

3. パウロ・フレイレの「銀行型教育」と「課題提起教育」

　学校教育の教育観を非常にわかりやすく批判的に指摘したのは、ブラジルの教育思想家、識字教育の実践家であるパウロ・フレイレ（Paulo Freire、1921-1997）である。彼は、『被抑圧者の教育学』という書籍のなかで「銀行型教育（banking education）」と「課題提起教育（problem-posing education）」という二つの教育観を対比的に示した。
　フレイレは、ブラジル北東部の貧困地域の出身であり、民衆の「意識化（無意識に受け入れている事象や感覚を自認自覚し、言語化していく）」を促す識字教育に従事した。1964年に軍事政権によって追放され、チリに亡命し、そのチリでも政権崩壊が起こったために、欧米に渡った。1979年にブラジルに帰国してからは教育省に入り、1989年にはサンパウロ市の教育局長にも就任した。
　フレイレによれば、植民地時代からの根強いブラジルの階級社会構造では、大地主は広大な土地を保有し、低賃金で農業労働者に農作業をさせ、富豪としての生活を送るという。一方で労働者は命令に従うだけで自己決定はできず、最低限の生活保障を受ける生活を送っているとされる。そのために、自由な生活を知らず、自由を恐れ、自ら支配に従属していく状況があるとした。フレイレは、こうした社会構造における抑圧者（富豪、権力者）と被抑圧者（貧

困者、従属的労働者）の立場と構造から、本来人を自由にするべき教育が、むしろ抑圧・被抑圧構造を強化し再生産していることを指摘したのである（フレイレ，1979）。

つまり、貧しく被抑圧的な立場にあった人が「教育」を受けると、被抑圧的立場をより享受するようになったり、たとえ富や権力を得たとしても、その人が今度は抑圧する側に回ったりしていく状況が存在する。これは、現在の教育と社会の構造でも起こる根深い問題である。このような状況が生じてしまう根本には、既存の社会構造を前提、もしくは「不動の事象として受け入れる」ことを教育で学ぶ「銀行型教育」観がある。私たちの生きる「世界」とは、学ぶ私とは「別のところ」もしくは私にはどうしようもない、不動の事象として存在し、さまざまな不動の事象を「覚える」ことを求めるのが「銀行型教育」である。貯金をするかのように、不動の事象とされる内容を頭に一方的に貯め込んでいくのである。それに対してフレイレは、既存の世界は変わる・変えるものだととらえ、自らもその世界の「一部として」周りに存在するものや事象を認識し、それらを自ら自由に変革することを可能とする「課題提起教育」を提起した。以下の**表Ⅰ-1**には、銀行型教育と課題提起教育の教育観の相違を整理し、**表Ⅰ-2**には、1968年の著書である『被抑圧者の教育学』（フレイレ，2018）において、それらが対比的に記述されている箇所を整理した。

表Ⅰ-1　フレイレの銀行型教育と課題提起教育の教育観の違い

銀行型教育	課題提起教育
教師がすべてを知っている	すべを知っている人はいない
生徒は何も知らない	すべての人は何かを知っている
一方的な「知識」伝達	傾聴し認識（意識化）や対話を促す双方向のコミュニケーション
現状維持	社会変革
支配の実践	自由の実践
人を家畜化する	人を解放する
生徒が覚える	生徒も教師も共に省察し行動する

出典：筆者作成。

表 I-2 『被抑圧者の教育学』における銀行型教育と課題提起教育の対比的記述

銀行型教育	課題提起教育
生徒は従順な知識の容れ物	生徒は教師との批判的共同探究者
支配に奉仕し創造性を押さえ込む	批判し人間の解放に奉仕する
宿命論的認識を強めてその状況にとどめようとする	置かれている状況を解決すべき問題としてとらえる
静止させ固定化する力で人間を歴史的存在として認めない	人間の歴史性を出発の原点とする
より豊かな人間になる存在論を否定する	人間を何者かになりつつある過程の存在として肯定する

出典：フレイレ（2018：156-166頁）より筆者作成。

　フレイレは具体的な実践として、学習者が、自らが生活する社会や文化の文脈に基づいて、自らがどのようにその世界を認識しているのかを省察できるような経験的場面を設けた識字教育を展開した。それを、自らの「行動」と「省察」（Ⅱ部6講参照）を組み合わせた「実践」という。フレイレの教育論は、解放の教育、社会・自己変革の教育の理論として有名である。

　さて、表 I-1 の「すべてを知っている人はいない」「すべての人は何かを知っている」という人間観や「自由の実践」「人を解放する」とは、実は、人の経験を学習資源とし、自己決定性の増幅を志向する成人教育学（アンドラゴジー）の基本概念でもある（Ⅰ部2講参照）。学習者が自ら考え、語り、行動するための「支援」が成人学習支援の肝になる。それは、大人の学習者のとらえ方に由来するが、本来であれば、こうした教育観は子どもたちへの教育についてももたれて然るべきものであろう。表 I-2 からは、生徒と教師のとらえ方の違いがわかり、特に、教師もまた、人間発達の当事者としての学習者とみなす重要性がみてとれる。

　以上、フレイレの理念のごく一部を非常に簡易化して紹介した。学校教育そのものが、近代の国民国家形成のための機関として発達してきた経緯から、国民形成の役割から免れることができず、教師の役割もしかりである。しかし、近年国際的にも従来の学校教育観の変革が議題となっているのも事実であ

る[1]。「銀行型教育」「課題提起教育」の理念は、私たちが教育者と学習者をどうとらえ、何のためにどういう教育を行うのか、という教育観を考えるうえで重要な問いかけをくれる。

4. 社会教育・成人教育の学習機会と支援の多様性

　再度日本の話に戻りたい。生涯学習支援を学ぶうえで、中心となる社会教育には、多様な学びの現場がある。よって、生涯学習支援のあり方も多様である。社会教育としての主な学習機会には、学習提供の主体別に、①公的社会教育、②社会教育行政以外の行政関連による教育事業、③民間の非営利目的教育事業、④民間の営利目的教育事業、⑤企業内の教育活動、の五つがある。

　第一の公的社会教育は、社会教育行政が関わる学習機会である。公民館、博物館、図書館、体育館などの社会教育施設で開催される学級や講座やイベント、学校開放事業などである。第二は、社会教育行政以外の行政に属したり、関連したりする学習機会である。学校、職業教育、社会福祉、保健、産業、観光、自治、防犯交通安全施設、男女共同参画（ジェンダー平等）、青少年（ユース）、スポーツ関連の施設および事業などがある。第三が、民間の非営利の学習機会である。さまざまな社会や地域の課題に取り組むNPO／NGO、地域の自治会や商工会やサークル、労働組合や生活協同組合、住民・社会運動組織などが提供する学習機会がある。そして第四は、民間の営利目的の学習機会である。語学学校、カルチャーセンター、資格免許関連教室、ICT関連教室、スポーツ・レジャー施設、民間の美術館・博物館施設などで展開される学習がある。近年ソーシャル・ビジネスとして展開される教育活動は、営利と非営利目的の両方をまたいだ領域といえる。第五に、企業内の教育や、企業内のその他のサークルによる学習機会もある。

　以上のようなさまざまな成人の学習機会において、教育の目的や対象も多様であり、必要となる学習支援もまた多様である。よって、生涯学習支援に携わる専門性や力量（スキル）も幅広い。社会教育の主な専門職には、図書館司書、博物館学芸員、教育委員会や公民館などの施設に配置される社会教育主事

／社会教育士があるが、上記の多様な学習機会すべてに専門職が配置されるわけではない。

　では、改めて生涯にわたる学習支援に求められることとは何であろうか。どういった立場の人が、どのような役割を有し、具体的に何をするのであろうか。本書を通じてそれらを学ぶうえで、まずは、私たちに絶大な影響を与えてきた学校教育の教育観から視野を広げる必要がある。教育は何のためにするのか、誰が学習の主体なのか、どういった方法があるのかなどを、根本からとらえ直しながら、人や社会を豊かにする生涯学習支援の理論や実践をみていかなければならない。

〔近藤　牧子〕

注
1)　2022年9月の国連総会に合わせて「国連変革教育サミット」が開催された。各国の教育政策代表者だけではなく、市民社会の参加も認められ、ユース（若者）の存在感のある会議であったが、従来の教育観の変革がテーマであった。

第2講　学びを生み出す仕組みとは？

学習の目標
・学校教育と社会教育のそれぞれの仕組みの違いをとらえることができる。
・日常のなかで教育の営みをみつけ、自己と他者の関わりを理解できる。

1. 生涯を通じた教育の理論と類型

　人間の生涯にわたる教育を考えたとき、子どもの学び方と大人の学び方はどこに違いがあるだろうか。子どもの頃、親や先生から自分の答案に花まるをつけてもらえると、嬉しくて学びへの意欲を高めた人もいるだろう。しかし、大人になっても心の底から花まるを求めて学び続けている人はあまりいない。子どもに対する教育方法をそのまま大人に適用しても、うまくいかないことがある。

(1) ペダゴジーとアンドラゴジー

　そこでまず、ペダゴジー (Pedagogy) とアンドラゴジー (Andragogy) の対比について理解したい。アメリカの教育心理学者であるノールズ (M. S. Knowles) は、大人の特性に応じた教育方法を探究して、成人教育学という研究領域を発展させた。

　ペダゴジーは一般的に教育学と訳される。それは自己主導性が低い発達段階の者に対して教師が行う教育方法として議論されてきた。端的には子どもの教育学ともとらえられた。他方でアンドラゴジーは、自己主導性の高い成人に対する教育方法を構想する。例えばペダゴジーでは学習目標を決定したり学習成果を評価したりする教師側の方法論を考えるが、アンドラゴジーでは学習者本人の希望やふりかえりに基づき相談しながら進める過程を重視する。学習へ

の動機づけは、子どもを対象としたペダゴジーでは、花まるをはじめ、外発的な賞罰の有効性を検討するが、大人が対象となればその効果が薄いときもある。大人の場合、学びはじめた経緯や学びたい意思など内発的な動機こそが根源に必要である。そのうえで教育内容の構成は、ペダゴジーでは教科や単元を軸に体系的な学習を編成するが、アンドラゴジーではテーマや課題を中心に学習を組み立てる。ノールズは当初、ペタゴジーとアンドラゴジーを対比的にとらえた（Knowles, 1970）。しかしその後の理論化で、これらを「二者択一的な方法論であるともみなしていない」（坂口，2020：23頁）。重要なことは「人々を自発的な探究に最も深くかかわらせるような方法こそが、最もすぐれた学習を生み出すことになる」（同上：25頁）という点である。相手が子どもであろうと大人であろうと、学習者が自身の学びに自分から関与を深められるような支援が大切である。

（2） 学びほぐす（アンラーン）という「学び」

　次に、アンラーン（unlearn）という言葉を紹介する。それはラーン（learn）の対義語として、大人の教育学において重要な考え方である。しかし、アンラーンは決して「学ばない」という意味ではない。むしろ、ラーンもアンラーンも「学ぶ」という意味でとらえることができる。

　哲学者の鶴見俊輔（2010：94-97頁）はアンラーンを「学びほぐす」と訳した。それは例えばセーターを編むときのイメージであるという。毛糸から型通りに編んでいったセーターが、できてみて自分の体型に合わなかったとき、いったん元の毛糸までほどいてから、今度は自分に合うようまた編みなおすほかない。そのプロセスがアンラーンである。

　つまり、これまで正しいと信じて学んできたことが社会でうまく使えないような壁にぶつかったとき、いったん原点に戻って学んできたことを問い直してみること、そのうえで今度こそ通用するように新たなアプローチで学んでいくことがアンラーンである。

(3) 定型教育と不定型教育と非定型教育

　そのうえで、こうした学びを生み出す仕組みについて類型化しておきたい。ここでは、フォーマル教育（定型教育）、ノンフォーマル教育（不定型教育）、インフォーマル教育（非定型教育）という三つの見方を整理する。

　フォーマル教育の代表的な機関は学校である。学校には、法令や条例に基づき、施設が整備されて教職員が配置されている。国の定める学習指導要領と国の検定を受けた教科書を用いて、定められた時間と項目の授業を中心にして日々の教育活動が進められている。教育の対象者も学年と学級で固定されている。つまり、学校教育には定まった型があり、それは国家と教師によって規定されている。

　これに対して、公民館、図書館、博物館をはじめとする社会教育施設は、ノンフォーマル教育の場に分類される。法令に基づき公的な機関として設置され、それぞれ職員が配置されている。しかし、そこでの教育事業は利用者の声や地域社会の実情と課題をもとに企画され、参加するかどうかは市民一人ひとりの自由である。この点で、型にしていない不定型教育として整理することができる。さらに、社会教育施設での学習機会に限らず、NPOなどの非営利セクターが提供する学習機会も、不定型教育に含まれるだろう。

　他方でインフォーマル教育は、子育てを例にするとわかりやすい。子育ては、家庭によって環境も方針も異なる。子育ての基準を定めた法律もなければ、型どおりの育児メソッドがうまくいくとも限らない。各々の試行錯誤のなかで日々の教育活動が営まれている点で、型にできない非定型教育として分類することができる。他にも、職場での上司から部下への何気ない仕事のアドバイス、地域での文化伝承の取組みなどもインフォーマル教育に分類することができるだろう。

2. 学びを生み出す日本の教育体系

次に、日本の教育体系として、生涯にわたる学びを生み出す仕組みについてみていきたい。日本の場合、公的には学校教育と社会教育が車の両輪として整備されている。地域には、学校以外に公民館、図書館、博物館などの社会教育施設がある。そうした地域の教育環境のもと、人びとの学びはどのような場面において生まれているだろうか。共通するのは、いずれにも他者が存在することである。

(1) 学校教育と社会教育によって生まれる学び

ここでは学びを、自己と他者の間に差があるところで生まれるものとしてとらえてみたい。図Ⅰ-2では、学校教育と社会教育での学びの生み出され方を概念的に比較した（丹間，2018）。

学校には教師と生徒がいる。教師は生徒よりも多くの知識や高い技能を有する存在である。またはそうあらねばならない。教室には、教師に比べて知識や技能を未獲得の状態にある生徒たちが、同じ年齢段階ごとに集められる。学校は、教師と生徒の間にあるこのタテの差を用いて集団的な教育活動が行われる場であるといえる。生徒は少しでも教師の知識や技能に近づき、それらを自

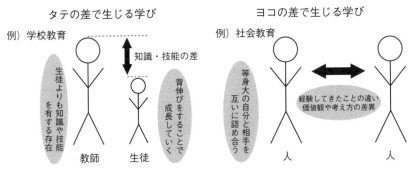

図Ⅰ-2　差のあるところで生まれる学び
出典：筆者作成。

分も身につけようとする。「がんばれ」を合言葉に、いわば背伸びをすることによって学んで成長していくモデルが学校教育の仕組みである。

これに対して社会教育の場合、教師と生徒のように、教える者と教わる者が固定された関係にはならない。人と人の対等な関係が基本である。しかし自己と他者の間には、ものの見方や考え方、これまで経験してきたこと、価値観などに多面的な違いがある。社会教育は、この自己と他者の間にある差を活かして互いに学びを生み出している。すなわち、対等な関係でのヨコの差を基軸にして、等身大の自己と他者の間に学び合いの相互作用を生み出していく仕組みである。

むろん、学校教育でも生徒同士の対話を重視して、地域の大人からの学びも取り入れている。学校教育の学びのすべてがタテの差で生まれているのではない。しかし、学齢期という人生の初期に多くの知識と技能を効率的に習得していく教育システムとして、学校から教師や学級の存在が消えることはないだろう。タテの差を基軸として、効率的かつ集団的な学びの保障を担っているのが学校教育であるといえよう。

(2) 学校教育と社会教育の特性の対比

加えて、学校教育と社会教育のそれぞれの特性は、次の四つの対比によって整理されている（佐藤, 2007：74頁）。順に、①時限性と継続性、②画一性と多様性、③強制性と自主性、④準備性と現実性という対比である。

それぞれの組み合わせを補足すれば、①時限性と継続性に関しては、学校教育では授業のはじまりと終わりの時間をはじめ、入学から卒業までの年限が明確に区切られている。一方で社会教育は、学びたいと思ったときに学びたいだけ学べることが重視される。何年学び続けてもよい。

②画一性と多様性については、学習内容の性質にも当てはまるが、学習集団の属性としても、学校教育では同じ学年の生徒たちが同じ地域で、さらに近い関心や学力などに基づいて集められている。これに対して社会教育は、老若男女を問わず、さまざまな属性の人びとの参加を受け入れている。

③強制性と自主性の例としては、宿題や試験など、学校教育ではやらなけ

ればならないことが多い。他方、社会教育ではやりたいという学習者本人の意思こそを起点としている。他者から与えられるノルマなどはない。

④準備性と現実性に関しては、学校教育では、段階を経ながら順序よく体系的に学んでいくことが中心である。これに対して社会教育では現実の課題や関心に基づいて学んでいくことを基本とする。

このように学校教育と社会教育では、学びの生み出し方が対比的に理解され、それぞれに応じた仕組みが整備されている。ただし、いずれかが優位ということではない。学習の動機、目標、内容をはじめ、学習者の特性や目的に応じた教育のあり方を、適切に選んだり組み合わせたり混ぜ合わせたりしていくことが重要である。

> 【ワーク】これまでの人生における学びをみつけて書き出そう
> あなたがこれまで生きてきた経験のなかで、「学びがあった」と特に印象に残っているシーンを思い浮かべて書き出してみよう。次の四つの項目で書いてみよう。
> 〔①誰〕が／〔②どこ〕で／〔③誰〕から／〔④何〕を／学んだ。
> 次の二つのシーンに分けて書き出して比較してみよう。
> 〈シーンA〉学校のなかで学びがあったシーン
> 　例）〔①中学2年生の私〕が／〔②学校の理科室〕で／〔③教育実習生〕から／〔④水の電気分解の仕組み〕を／学んだ。
> 〈シーンB〉学校の外で学びがあったシーン
> 　例）〔①大学1年生の友人〕が／〔②アルバイト先の飲食店〕で／〔③常連のお客さん〕から／〔④コミュニケーションのコツ〕を学んだ。

3. 多様性のなかで生み出される学び

　人びとの学びが地域のなかでどのように生み出されているのかという全容に視野を広げていくと、教育の仕組みが学校だけではないという当たり前の事実に行きつく。私たちは、学校教育で得てきた自身の経験を相対化することによって、より広く、生涯にわたる学びの可能性について理解して実践していくことができる。

　そもそも学びは、人間の好奇心に基づく主体的な営みである。しかし、学校という効率的な教育システムのなかで、時として学ぶ側が主体から客体に置き換わり、受け身の学習習慣に陥ってしまうことがある。学習と勉強は似て非なるものである。「勉めて強いる」ことで自身を効率的に成長させようとする学校的な教育モデルには、副作用があることを忘れてはならない。それは、誰かからの指示や定められた型がなければ、自ら学ぶことのできない人を育ててしまう危うさでもある。花まるの効果も、人間が発達するなかで次第に薄れていく。だからこそ、まずは子どもの頃から学校教育とともに社会教育の仕組みのもとで学びを生み出していくことが重要になる。学校教育の学びには大きな効能がある一方で、効率的な学び方には副作用があることもふまえて、そうした経験をアンラーンしていける学びを構想していくことも有効であろう。

　学びは多様な社会関係のなかで生まれる。そうした社会関係が地域には広がっている。それゆえ、実社会を生き抜いていく人を育てていくためには、地域での学びを支援することが、最も身近で基本的な方法になるといえよう。

〔丹間　康仁〕

第3講　大人はどう発達するか？

学習の目標
・大人の発達には「成長」「変化」「変容」の視点があることを理解する。
・発達を個人の責任に落とし込まない発想が重要なことを理解する。

1. 大人の発達をどうとらえるか

　みなさんは、発達という言葉に、どのようなイメージをもっているだろうか。

　発達の代表的な見方は、発達を「成長」と同義にとらえるものである。ここでの発達のイメージは、めざすべき価値や方向が明確で、その目標に徐々に近づいていくものである。子どもや若者の健全な発達という場合には、この成長のイメージが強く、心や身体の肯定的変化を阻害する要因を取り除き、めざすべき目標に向けた発達を支援しようとする。しかし、大人になると、身体的成長は止まり、一定の年齢を過ぎると徐々に老化が進行する。また、子どもの頃のように精神的に成長する幅は小さく、日々の変化もゆるやかとなる。そのため、大人の「成長」というイメージはなかなか描きにくい。

　もう一つ、「変化」や「変容」として発達をとらえる視点がある。そもそも、「発達（Development）」には、時間的経過にともなってその人間の本質が徐々に現れてくるという意味がある（堀，2010：1章）。この原義に沿って考えると、達成すべき特定の目標がなくても、生涯にわたって変化や変容が続くという「生涯発達」の見方が浮かびあがる。

　この変化や変容としての発達のなかにも、いくつかの考え方がある。このことを考える際に有益なのが、人生における社会的役割の変化をとらえたスーパー（D. E. Super）の「ライフ・キャリアの虹」の考え方である（Super,

1980)。この考え方では、私たちが人生で担う役割を、①子ども、②学生、③余暇を楽しむ人、④市民、⑤働く人、⑥配偶者、⑦家庭人、⑧親という八つに分け、それぞれの期間を表現している。この考え方で大事なのは、私たちが人生の各時期に異なる役割を担うこと、特に大人となってからは複数の役割を同時に担うことである。それぞれの役割をうまく果たせないと、家族や友人との関係が悪化し、仕事と生活のバランスが崩れ「ワーク・ライフ・コンフリクト」という状態に陥る。そのため、各年齢段階の課題をどう乗り越えるかが重要になる。

　これと異なるのが、発達を私たちの主観的な変容の過程と考える見方である。この考え方には、個々人の辿る人生の道筋(ライフコース)は極めて多様だという前提がある。現代社会では、私たちのアイデンティティの帰属先となっていた家族や地域、会社などの存在が曖昧になり、流動化している。そして、それぞれの生き方やライフスタイルは多様化の様相を呈する。そのため、人生に共通する段階や出来事は想定しにくくなり、どのように生きるかをそれぞれで考えざるを得ず、自己の物語を常に書き換えながら、アイデンティティを構築していかなければならない。このように、私たちが自身を常に定義し続けなければならない状況を、社会学者のギデンズ(A. Giddens, 1938-)は「自己の再帰的プロジェクト」と呼んだ(ギデンズ, 2005)。この変容としての発達に迫るため、発達を「物語り(ナラティブ)」としてとらえる見方も紹介する。

2. 成人期の発達のとらえ方①
　──発達段階・ライフイベント・過渡期

　ここでは、成人の発達に関わる代表的概念として、「発達段階」「ライフイベント」「過渡期」の三つを紹介する。これらは心理学を基礎に、個々人の社会的役割や心理面の変化を時系列に沿ってとらえる発達の考え方である。

第3講 大人はどう発達するか？ 21

	1	2	3	4	5	6	7	8
老年期								統合 対 絶望・嫌悪 **英知**
中年期							世代性 対 停滞 **世話(ケア)**	
成人初期						親密性 対 孤立 **愛情**		
青年期					アイデンティティ 対 同一性拡散 **誠実**			
学童期				勤勉性 対 劣等感 **有能感**				
幼児期			自主性 対 罪悪感 **目的感**					
幼児初期		自立性 対 恥・疑惑 **意志**						
乳児期	基本的信頼 対 基本的不信 **希望**							

図Ⅰ-3　エリクソンの示す心理・社会的危機
出典：エリクソン & エリクソン (2001：73頁) の図式2を一部改編。

（1） 発達段階の考え方

　発達段階の考え方を代表する心理学者のエリクソン（E. H. Erikson, 1902-1994）は、生涯にわたり、人間の精神や自我が成長し続けるというモデルを描いた（エリクソン & エリクソン, 2001）。エリクソンは、人生を乳児期から老年期の8段階に分け、各段階に発達課題とそれを阻む力が存在し、この対立を乗り越えることで新たな「徳（価値）」を得られると考えた（図Ⅰ-3）。

　例として、五つめの「青年期」を取り上げる。この時期には、進学や就職などを含め、人生で自ら選択すべきことが増える。この際に、「アイデンティティ」を確立することと、自分が何者かわからずに悩む「同一性拡散」との間に葛藤が生じる。この葛藤を乗り越えることで、自分の価値観を信じてそれに応えようとする「誠実」という青年期の新たな価値を獲得できる。逆に、この発達課題を達成できないとアイデンティティが拡散する状態に陥る。

　青年期に続き、「成人初期」には身近な人との親密な関係の構築が、「中年期」には「世代性（Generativity）」、つまり子育てだけでなく、社会的業績や芸術的創造を含む次世代への継承が、そして「老年期」には人生をふりかえり、よいことも悪いことも自分のこととして引き受ける自我の「統合」が発達課題にあげられている。

　また、アメリカの教育学者のハヴィガースト（R. J. Havighurst, 1900-1991）も、幼児期及び早期児童期、中期児童期、青年期、早期成人期、中年期、老年期という、人生の六つの時期における発達課題を詳細に示している。例えば、早期成人期（18〜30歳）における発達課題として、①配偶者の選択、②結婚相手と暮らすことの学習、③家庭をつくる、④育児、⑤家の管理、⑥職業の開始、⑦市民としての責任をひきうける、⑧気心の合う社交集団をみつける、といった発達課題をあげている（ハヴィガースト, 1997）。

（2） ライフイベントや過渡期の考え方

　発達段階の理論は、年齢に応じた共通の発達段階を想定するが、一人ひとりのライフコースは多様で、「何歳までに〇〇する」といった年齢ごとの課題が見いだしづらいことから、私たちが人生のなかで遭遇するさまざまな出来事

（ライフイベント）に着目する理論も存在する（岩崎，2019：3章）。ライフイベントの例として、仕事関係では就職・転職・栄転・転勤・退職などが、家族関係では結婚、妊娠、子どもの入学や卒業、離婚、家族の怪我や病気、家族の死などがあげられる。この他に、戦争や自然災害などの社会的・文化的出来事も存在する。このなかには事前にある程度予測できるものもあれば、まったく予想のつかないものもある。特に予想できない出来事は、心理的に大きな葛藤をもたらす。

【ワーク１】この先の人生で起こるライフイベントを想像してみよう
　この先の人生を想像し、取り組んでみたいこと、実現するとよいなと思う出来事を書き出してみよう。さらに、それぞれの出来事をいつまでに実現したいと思うかも合わせて書き出し、周囲の人と共有してみよう。

　これと別に、レヴィンソン（D. J. Levinson）は、成人期の発達を「生活構造」の変化ととらえた。ここでいう生活構造とは、どこに住み、誰と暮らし、何の仕事をしているかといった生活の基本パターンをさす。この議論の特徴は、成人の発達を「安定期」（生活構造が築かれる時期）と「過渡期」（ある生活構造が別の生活構造に移行する時期）が交互に現れるとした点にある（図Ⅰ-4）。

　レヴィンソンは、児童期・青年期、成人前期、中年期、老年期という四つの発達段階を想定し、各段階の移行段階としての過渡期に着目した。過渡期には、これまで担ってきた役割と新たな役割がぶつかり合うため、多くの葛藤が生じる。例えば、40〜45歳の「人生半ばの過渡期」は、成人前期と中年期をつなぐ役割を果たすが、この時期に「これまでの人生で何をしてきたのか」という本質的な問いがなされるという。過渡期にはこれまでの生活パターンの根本的な見直しが行われ、模索を経て新たな生活構造が築かれた時に安定期が訪れる。

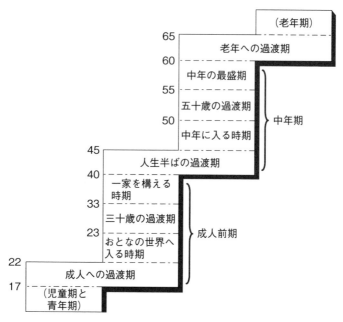

図Ⅰ-4 成人前期と中年期の発達段階
出典：レヴィンソン（1992：111頁）。

　ライフイベントや人生の過渡期において、私たちの心理的危機は高まる。しかし、このような時期にこそ、大人の学習への動機づけが高まると考えられている（Merriam & Clark, 1992）。この理由は困難な状況に直面した際に、当初ショックを受けたとしても、徐々に自分が直面している出来事や状況がどのような意味をもつのかを考えるようになり、その出来事に対処するため、自分の物事のとらえ方に偏りや問題がないか、ふりかえる機会となるからである。この点で、ライフイベントや過渡期は、変容学習の契機になる。変容学習では、自分が周囲の世界をどう認識するかという枠組みの変化を学習ととらえる。

3. 成人期の発達のとらえ方②
— 発達へのナラティブ・アプローチ

　前節で紹介したように、年齢段階を基礎に私たちが乗り越えるべき課題に焦点を当てる発達段階論や、人生で経験する大きな出来事に注目するライフイベントの考えは、私たちが共通にたどる人生の道のり（ライフコース）を想定している。これに対して、「発達へのナラティブ・アプローチ」(Rossiter, 1999) では、私たちが、日々の出来事や経験を意味づけ、新たな自己をつくりだす過程に着目する。ここでいうナラティブとは、語ること、そして語られた結果としての物語の双方をさす。このアプローチでは、私たちがどう生きてきたか、これからどのように生きたいかを、自身に、そして他者に語ることで、私たちのアイデンティティが構築されると考える（荻野, 2011）。この考え方は、個々人のライフコースの共通性よりも、多様性に注目する。

　私たちは、人生でさまざまな出来事に遭遇し、多様な経験を積み重ねるが、出来事や経験それ自体は何の意味ももたない。その内部にある論理や因果関係をみつけ、自分がすでに知っていることと関連づけ、理解できなかった要素を筋道の通るものに組み替え、自分なりのストーリーをつくりあげる。つまり、私たちは、出来事や経験に意味づけを行い、語ることによって人生の物語を日々更新している。変容とは、語り方の変化、そして語られた物語の変化を示す。

　ここで、キャリアを題材にして「発達へのナラティブ・アプローチ」の理解を深めよう。通常、私たちがキャリアとしてイメージするのは、職業や地位、資格、年収といった「外的キャリア」である。しかし、もう一つ重要なのが、私たちが職業や人生に対してもつ価値観を示す「内的キャリア」である。私たちが職業を選ぶ際には、労働条件や福利厚生などの外的な条件面に目を向けがちだが、人生の多くの時間を職場で過ごすことを考えれば、自分にとって働きやすく、働きがいのある仕事や職場を選ぶことが望ましい（Ⅰ部4講参照）。自分にどのような職業や職場が向いているかを考えるには、人生のキャリアを

自らの意思で描こうとする「キャリア・デザイン」の考え方が大切になる。

キャリア・デザインの一例として、経営学者のシャイン（E. H. Schein, 1928-2023）による「キャリア・アンカー」の考え方を紹介する（シャイン, 2003）。キャリア・アンカーとは、自分の人生で拠り所となる価値観をさし、職業や職種、勤務先などを選ぶ際の判断基準となるものである。キャリア・アンカーを明確にする方法として、自分の能力、ニーズ、価値に関する質問に答え、セルフイメージの解像度を高める方法がある。自身の価値観について普段意識することは少ないが、自分のめざすキャリアについて、自ら考え、その考えを他者に語ることで、その輪郭をつかむことができる。

【ワーク2】自らのキャリア・アンカーを知ろう
　自分のキャリア・アンカーを知るために、シャインが示した「専門性を高める力」「全般的な管理能力」「自律・独立する力」「起業家的創造をする力」「奉仕・社会貢献をする力」「純粋に挑戦する力」の六つの力から二つを選んでみよう。そして、周囲の人と、選択をした理由について話し合ってみよう。

4. 生涯にわたる発達をどう支援するのか

ここまで紹介してきた発達へのアプローチに加え、近年では大人に求められる多様な役割や能力を統合的に把握しようとする考え方がみられる。

例えば、教育を通じた格差是正や平和の実現に強い関心を有するユネスコ（国連教育科学文化機関）は、大人の教育（成人教育）の保障を大切にしてきた。2015年のユネスコ総会で採択された「成人学習・教育に関する勧告」では、成人教育の中心領域として、①識字・基礎教育、②職業スキル教育、③アクティブ・シティズンシップ教育の三つが示され、識字・基礎教育を通じて職業生活・市民生活を充足させていく、成人教育の一体性が強調されている（Ⅰ部5講参照）。

一方、経済発展のための人材育成に関心をもつOECD（経済協力開発機構）は、2000年前後に、複雑な21世紀社会で生き抜く大人の力として、「キー・コンピテンシー」の概念を打ち出した（立田，2011）。ここでいうキー・コンピテンシーとは、「特定の状況の中で（技能や態度を含む）心理社会的な資源を引き出し、動員することにより複雑な需要に応じる能力」（ライチェン＆サルガニク，2006：201頁）をさす。端的にいうと、職場や家庭、市民生活などのさまざまな領域で周囲と良好な人間関係を築き、複雑な課題に直面した際に、自分の心理状態や能力、社会関係をうまく活用して円滑に課題解決をできる力のことである。この能力の中核には、「省察性（reflectiveness）」が位置づけられている。省察性とは、自分を取り巻く社会的圧力や組織文化からいったん離れ、自分のニーズや願望からも距離を置いて、自身を俯瞰的に見つめ直す力を示す。

　以上紹介してきたように、大人の発達には複数の見方が存在する。最後にそのポイントを確認しておこう。一つめに、どの考え方にも共通するのが、大人になってからも発達できるという前提である。二つめに、大人になるとさまざまな場で担う役割が増え、求められる能力が多岐にわたり、対処すべき課題も複雑になることである。各年齢段階での発達課題や、大人に求められる力の統合的把握は、この複雑性を読み解くための考え方である。三つめに、第二の点と相反するようだが、私たちの人生の多様性があげられる。私たちの家族の形、住んでいる地域、働き方、ライフスタイルはそれぞれ異なるため、他者と比較しても優劣はつけられない。人生の拠り所を自分で見定めようとする姿勢が重要である。語りを通じて自身をふりかえる方法や、「省察性」の概念はこの点に関わる。

　以上のポイントを確認したうえで、最後に注意してほしいのは、生涯にわたる発達を自己責任の論理へと落とし込まないことである。子ども・若者の発達にも、大人の発達にも、一定の条件が必要である。例えば、新しい価値観を身につけるために遊んだり学んだりできる環境があるのか、その前提として十分な時間の余裕や資産をもてているのか、自分が変わろうとする際に支援をしてくれる人びとや、温かく見守ってくれる環境が存在するのか。これらの条件

が身の回りに揃っているかどうかで、私たちの発達は大きく左右される。

　私たちの暮らす身近な地域において、子どもや大人の発達を保障する環境はどの程度整っているのだろうか。Ⅰ部6講（大人の「学びなおし」）や、Ⅲ部・Ⅳ部を読み進めながら、その課題も含めて考えてみてほしい。

〔荻野　亮吾〕

第4講　働く世代はどう学ぶか？

学習の目標
・働く世代を取り巻く学習の状況を理解する。
・職場での学習を支える方法を理解する。

1. 働く世代の学習の現況

　近年、働く世代の学びが注目されている。この背景には、長寿化により働く期間が延びたことがある。加えて、2010年代半ば以降、IoTやAI技術を用いて社会問題の解決をめざす「Society5.0」への移行や、デジタル技術を用いて企業の仕組みを変える「デジタルトランスフォーメーション（DX）」が国策に掲げられ、学校卒業後も、社会や技術の変化に応じた能力やスキルを伸ばすための学びが、産業界を中心にして強く求められている。
　しかし、日本において働く世代の学びへの意欲は決して高くない。2022（令和4）年の内閣府「生涯学習に関する世論調査」の結果をみると、月に1回以上「仕事に必要な知識・技能や資格に関すること」を学んだとする割合は、18〜29歳が61.5%、30〜39歳が54.0%、40〜49歳が52.4%、50〜59歳が50.5%となっている。この調査結果をみると、40歳以上の約半数の人びとは仕事に関する学びを、月に1日もしていないことになる。学びの継続的習慣がないという点で、日本が「大人の学びの貧困社会」（小林，2023）と評される所以である。
　働く世代が学習をしないのには、そもそも必要性を感じなかったり、きっかけがつかめなかったり、あるいは忙しいといった理由がある。さらに働く世代は、職場外でも子育てや介護などのアンペイドワークが求められ、睡眠時間や余暇時間を削ってその時間を捻出している。1日24時間という限られた時

間のなかで、自分と周囲の人びとのウェルビーイングを考慮しつつ、学びの時間を捻出するのは極めて困難である。働く世代の学びを自助努力や自己責任へと落とし込むのではなく、学びに向けた仕組みづくりや、職場での学習支援のあり方を検討し、働く世代の学びの環境をどうつくりだすかを考える必要がある。

2. リカレント教育とリスキリング

　働く世代の学びを支える仕組みとして、1970年代に提唱されたのが「リカレント教育（Recurrent Education）」の考え方である。1973年にOECD（経済協力開発機構）が刊行した『リカレント教育』という政策文書のなかで、「リカレント教育は、義務教育ないし基礎教育後の全ての教育を対象とする総合的な教育方策である。その基本的な特徴は、教育を個人の全生涯にわたってリカレントに、すなわち労働をはじめ余暇、退職などの他の諸活動と交互に行う形で分散させることにある」（CERI, 1973：p.24＝出相, 2021：2頁）と述べられている。リカレントは「循環」という意味をもつ。学校を卒業して労働の場に入るとその後は教育を受けないという一方向的な考え方でなく、教育・余暇・労働を相互に循環させつつ、働く世代の成長を支援することが重要とされてきた。

　日本では、生涯学習や高等教育の文脈でリカレント教育が注目されたが、1990年代以降、一度は忘れ去られた概念になっていた。しかし、2010年代後半以降、内閣府に置かれた「人生100年時代構想会議」などで、働く世代の「学びなおし」という文脈において、リカレント教育が再び脚光を浴びることになった。ただし、学習にかかる費用、勤務時間の長さ、必要性を感じないなどの理由により、働く世代の学びなおしはなかなか進んでいない（総務省, 2018）。

　さらに2020年代に入り、「リスキリング（Re-Skilling）」の概念が広まりをみせている。リスキリングはDX時代の人材戦略とされ、「新しい職業に就くために、あるいは、今の職業で必要とされるスキルの大幅な変化に適応するた

めに、必要なスキルを獲得する／させること」と定義される（石原，2021：6頁）。新たな価値創出に向けて、職業面でのスキル獲得を強調する点に特徴がある。

　日本政府は、2022（令和4）年10月に企業のリスキリング支援に5年間で1兆円を投じる方針を公表した。しかし、先進諸国のなかで日本の人材投資の規模は極めて小さく、実際にリスキリングに取り組む人の割合は3割前後にとどまる。そのなかでもデジタル領域の新しい技術やデータ分析スキルを学ぶ「デジタル・リスキリング」の学習率は2割程度である（小林，2023）。学びへの動機づけが不十分なまま、不足するスキルを各々の責任で身につけさせ、社会で足りない職業にはめ込もうとする「工場モデル」では、働く世代の学びの問題は解決しない（小林，2023）。

　働く世代の学びを職場から離れた場で、独力で行うものととらえるのでなく、他者との関係のなかで社会的につくられていくものと考え、日常の職場での学びを基盤に据えて学習支援のあり方を検討することが求められている。

3. 職場での学習を支えるもの

　私たちが生涯に職場で過ごす時間は、6万8,400時間にも達する（中原，2021）。ここで、人生の長い時間を過ごす職場での学びをどう支援するかを考えてみよう。鍵になるのは「職場学習」の考え方である。職場学習では、「仕事の活動と文脈において生じる人間の成長と変化」（Fenwick, 2001：p.6）を大切にし、職場を仕事・労働の場としてだけでなく、学習の環境としても位置づける。

　職場には、仕事を通じて得られる成長や達成感、他者からの知識の共有といったプラスの面だけでなく、周囲からのプレッシャーや妬み、上司からの叱責、仕事への無力感などマイナスの面も存在する。「今どきの若者は○○だろう」「子育てをしているなら○○は無理だろう」といった、私たちが無意識にもつ思い込みや決めつけ（アンコンシャスバイアス）が、職場の風通しを悪くし、お互いの成長を阻害することも知られている。そのため、職場のマイナス

面を抑え、プラス面を増やす環境づくりが職場学習では重要となる。経験学習、認知的徒弟制、越境学習などのキーワードをもとに職場学習のポイントを示す。

（1） 経験のふりかえり（経験学習・アンラーニング）

　人材育成の世界で有名なのが「70：20：10の法則」である。これは成長の70％は仕事での経験から、20％は他者（上司や先輩）から、残りの10％は研修などにより決定されるという考え方である（Lombardo & Eichinger, 2010）。この考え方に基づけば、職場で得られるさまざまな経験は学習の資源として位置づけられる。I部2講で紹介されたノールズ（M. S. Knowles）のアンドラゴジーの議論でも、大人にとって経験とは貴重な学習資源であるという点が強調されている。

　しかし、経験だけでは私たちは成長できない。経験を良質の学びにつなげるには、経験の「ふりかえり」が重要となる。この点について、「経験学習」の提唱者のコルブ（D. Kolb）は、「学習とは経験の変容を通じて知識が生み出されるプロセスである」（Kolb, 1984：p.38）と述べ、「経験学習サイクル」という学びの過程を示した。このサイクルは、「具体的な経験」を「省察的客観視」することで、次の場面に応用できるよう「抽象的概念化」し、「実践的試行」を経てその概念を定着・刷新させる過程をさす。実際に職場で「育て上手」とされる上司は、経験学習のサイクルが円滑に回るような指導を行なっている（松尾，2019）。

【ワーク1】自分の経験を「経験学習のサイクル」にあてはめてみよう
　サークルやアルバイト、職場での経験など、学校外で自分の印象に残っている経験を思い浮かべ、経験学習のサイクルにあてはめてみよう。この経験学習の際に誰からどのような支援を得たかも合わせて思い出そう。

経験学習の理論に基づけば、職場で経験に基づく学習を積み重ねるほど、人は成長することになる。しかし、「コンピテンシー・トラップ（有能さの罠）」（松尾，2021）といって、経験からの学びが成長を阻害する場合もある。これは、過去の成功体験にとらわれて、身につけた仕事のノウハウにこだわり、新しい仕事の方法を獲得できなくなるという落とし穴をさす。
　この状況に対して、近年重視されているのが「アンラーニング（Unlearning）」の概念である。アンラーニングは、有効でなくなった仕事への信念や仕事のルーティンを捨て去り、新たな信念やルーティンを獲得する「アップデート型」の学習である。「学びなおし」「学びほぐし」と訳されることもある。アンラーニングを進める鍵になるのが「批判的内省」である。仕事の目標や方法をふりかえる日常的な「内省」に加えて、自分のなかで「当たり前」となっている信念や前提を問う深いふりかえりが、アンラーニングを導く（松尾，2021）。

（2）　他者からの支援（状況的学習・認知的徒弟制）

　経験に基づく学びを支えるのが、職場における他者からの支援である。職場では、フォーマルな研修（Off the Job Training, OFF-JT）からだけでなく、日常の職務のなかで、上司や先輩、同僚から学ぶ機会が非常に多い。このようなOJT（On the Job Training）の質を向上させ、（1）で取り上げた経験のふりかえりにつなげていくことができれば、働く世代はより一層成長できる。
　この点で参考になるのが、ウェンガー（E. Wenger）が提唱した「実践コミュニティ」の理論である（ウェンガー，2002）。ウェンガーは、ある分野についての関心や熱意を共有し、相互に切磋琢磨して知識やスキルを高めるコミュニティを、実践コミュニティと呼んだ。そして私たちが実践コミュニティに属し、さまざまな活動に参加することを通じて、その場に埋め込まれた考え方や知識・スキルを身につけることができると考えた。例えば教員になる場合、大学で学ぶ基礎知識や、インターンや教育実習といった実践的な学びの機会はたしかに重要である。しかし、教員としての資質・能力を高めるには、教員の実

践コミュニティに所属し、学校で子どもたちに教える営みに日々携わり、授業研究などを通じて教員同士で相互学習しながら自分たちの力量を高める過程が欠かせない。

職場学習で重要な「他者からの支援」に注目した研究も存在する。中原（2021）は、職場における他者からの支援として、①業務支援（業務を遂行するうえでの直接的な助言や指導）、②内省支援（業務経験や自分自身のあり方をふりかえる機会を与えること）、③精神支援（おりにふれて精神的な安らぎを与えること）の三つの方法をあげ、これらの支援が能力向上に資することを示している。

さらに、現在の職場では、常に知識や情報のアップデートが求められることから、コリンズ（A. Collins）らが提唱する「認知的徒弟制」の考え方も注目されている。これは「高度な認知能力を必要とする仕事の進め方を、経験者が非経験者に指導する方法」（松尾・築部, 2023：16頁）であり、学習者が直接観察できない複雑な問題解決の方法を教えるための教育戦略をさす。認知的徒弟制は、以下の六つのステップから構成される（松尾・築部, 2023）。

① モデル提示：手本を示し、観察の機会を与える
② 観察と助言：見守り、具体的に指導する
③ 足場づくり：成長に合わせて支援を少なくする
④ 言語化サポート：質問によって思考を言語化させる
⑤ 内省サポート：熟達者と比較させ、ふりかえらせる
⑥ 挑戦サポート：自律的な挑戦を促す

このステップをみると、（1）で取り上げた「経験学習サイクル」を回すための、段階的な支援方法であることを理解できる。

【ワーク2】「教え上手」「教え下手」な指導者を思い浮かべよう
　これまでに出会った「教え上手」「教え下手」な指導者を思い浮かべてみよう。それぞれに教えてもらった経験を比較し、認知的徒弟制の六つのステップにあてはまる部分と、欠けていた部分について考えてみよう。

(3) 職場外での学び（越境学習）

　さらに、学習が職場だけでなく、職場外でも生じるという点も見逃すことはできない。この点を重視するのが「越境学習」、つまり「ホームとアウェイを往還する（行き来する）ことによる学び」（石山・伊達，2022：13頁）である。職場内外の往還のなかで、日常の職務で「当たり前」としていた前提や固定観念を覆し、違和感や葛藤をもつことが、自分自身や組織の変革につながる。

　私たちは、日常的に働く職場以外に、家事・育児・介護などの役割を担う家庭、ボランティアや地域活動などを行う地域コミュニティ、そして趣味・サークルや学びなおしの場に関わっている。これら職場以外の場では明確な上下関係がなく、多様な人たちとコミュニケーションを図りながら、協働的に物事を進めることが求められる。さまざまな場に属し、活動することは、自分に何ができるのか、人生を通じて成し遂げたいことが何かをふりかえるきっかけとなる。また、外側から自分の所属する組織をみつめることで、仕事の原点に立ち戻り、職務へのモチベーションを高め、組織を変える原動力にもなる。

〔荻野　亮吾〕

第5講　市民としての成長には何が求められるか？

学習の目標
・大人のアクティブ・シティズンシップ教育について知る。
・社会への参加と市民性の関係について理解する。

1. 大人になるとは――18歳成人と市民性

　2022（令和4）年4月1日より、民法の一部改正による「18歳成人」制度が施行された。これにより、高校卒業段階で、すべての人が「成年年齢」に達していることになった。世界で多くの国々が18歳を成年年齢とするなか、日本は明治時代より約140年間にわたって20歳とされており、ようやく国際的基準に足並みを揃えた形となった。

　成年年齢とは、その社会で大人とみなされる年齢である。人間としての生涯発達と併せ、社会の役割との関係から、自らのあらゆる決定に責任を負い、社会で自立した存在になっていく（Ⅰ部3講参照）。ここでの自立とは、自己決定を通じた経済的・精神的自立を含む社会的自立を包括的に意味しており、そのために職業スキル、生活スキル、そして市民性スキルが求められる。

　しかし、残念ながら日本の学校教育は、子どもを大人にするための教育としての役割が十分に果たせていない。管理教育や過干渉により、子どもたちの主体性に不可欠な自己効力感や自信が育まれにくく、例えば、ルールを守らせる教育、もしくは守らないことへの指導には熱心でも、ルールを自分たちでつくる教育には比重が置かれない。それは家庭や地域の教育でも同様であり、子どもたちの失敗に寛容ではなく、大人による過干渉がみられ、子どもの主体性や自己決定を尊重する教育のあり方が、社会全体で合意されていない。よって、成年年齢に達してからも、市民として自己決定や社会における責任と役割

を果たし、自らの生活を豊かにすることについて学ぶ必要性は極めて高い。

2. 成人教育の三つの要素
―識字教育・職業教育・シティズンシップ教育

　2015年にユネスコ（国連教育科学文化機関）は、「成人学習・教育に関する勧告」を発行した（以下、「2015年勧告」）。勧告とは、行政機関が出す指導的意見であり、国際的な共有事項として成人教育の定義や役割を示した重要な文書といえる。そこに、成人教育の主軸となる領域として、①識字・基礎教育、②職業スキル教育、③アクティブ・シティズンシップ教育の三つが示された（UNESCO, 2015）。

　まず、①識字・基礎教育とは、基礎的な読み書き計算の教育である。世界には15歳以上の成人非識字者が7億8,100万人いるとされ、その3分の2は女性である。子どもの頃に、小学校に通えず、教育の機会がないまま15歳を迎えた人たちである。アフリカ大陸の西サハラ以南や、南アジア地域に特に多い。では、日本には無縁な話かといえばそうではない。日本でも、戦争や貧困、家庭や学校での暴力、不登校、日本語教育の不十分さをはじめとして、十分な基礎教育が受けられず、大人になってそれらの学びなおしを必要とする人たちがいる。夜間中学校や識字教室は、そうした学習保障に重要な役割を戦後すぐから果たしてきている（Ⅰ部6講参照）。学齢期が終了したら、基礎教育が受けられない社会ではなく、人が社会で生きていくうえで重要な識字力を獲得できる教育保障は、どの年齢、どの地域に住む人にも必要である。

　次に②の職業教育とは、急激に変化する労働環境に対応できるような、継続的な職業訓練と専門的能力を発展させる教育である。就労に困難なく、職業生活を豊かにさせる知識（労働者としての権利行使などを含む）、スキルとコンピテンシーを身につけることを目的とする（Ⅰ部4講参照）。

> **【ワーク1】社会課題に対して何かできる？**
> 　関心のある社会課題に関して以下の項目のなかで、これまで取り組んだことのある項目に印をつけてみよう。また、取り組んだことのない項目のなかで、あなたが感じるハードルの高さを1（低い）から10（高い）で表してみよう（丸囲みに記入）。グループで記入した内容を共有し、ハードルが高い低いと感じる理由も共有しよう。
>
> | ① SNSで発信する | ② 友人や家族とよく語る | ③ セミナーやイベントに参加する |
> |---|---|---|
> | ④ NGO/NPOなどの活動に参加する | ⑤ 議員立候補者のマニフェスト検討をする | ⑥ オンライン署名をする |
> | ⑦ デモに参加する | ⑧ カフェや勉強会を自分たちで開く | ⑨ 行政に提案する（パブリックコメント、政策対話） |

　そして最後に③アクティブ・シティズンシップ教育である。私たちは、社会の一員の市民であり、自らの暮らしや社会のあり方を変えていく主体である。例えば、貧困、ジェンダー、公正、排除、暴力、失業、環境保護や気候変動といった社会問題は、政治や意思決定のあり方とともに私たち自身の生活の豊かさにも関わっている。よって社会や政治の問題に積極的に取り組みつつ、自らの健康とウェルビーイング、さらには精神や文化といった、人格の発展と尊厳に関わる面から充足した生活を送ることを支援する教育が求められる。

　以上の、成人教育の主軸となる識字教育、職業教育、シティズンシップ教育のそれぞれは、あたかも独立した個別の教育領域のように考えられるかもしれない。しかし、成人教育ではこれらの一体性が重視される[1]。文字の読み書きや計算の力を身につけること自体が目的なのではなく、それを用いて就労生活や市民生活を充足させることが目的である。よって成人識字教育の教材は、子どもの読み書き教育と内容が同じにはならない。また、シティズンシップ教

育には、社会課題の学びと参加を通じ、自らの権利に基づいて職業生活をよりよくするスキルを獲得したり、教養やコミュニケーションスキルといった言葉の力をさらに獲得したりしながら、文化的な生活を発展させることが期待される。このように、三つの教育が分断的に行われるのではなく、重複しながら並行してスキルを発達させることが成人にとって大変重要なのである。

3. アクティブ・シティズンシップ教育とは何か

　以上の、成人教育の主要な三つの領域のうち、アクティブ・シティズンシップについてもう少し考えてみたい。日本語では能動的もしくは積極的市民性と訳され、主体的、積極的に社会や地域に参加するために人びとがもつ市民性を意味する。しかしその市民性とは何か、という点にはさまざまな論があり、地域性もある。実は、2節で説明した成人学習・教育に関する「2015年勧告」で、アクティブ・シティズンシップ教育は、「リベラル・民衆・コミュニティ教育（アクティブ・シティズンシップ・スキル）」と表記され、一つの用語で説明されていない。これは、世界各地域それぞれの教育の歴史と文脈による、大人のシティズンシップにかかる教育の呼称を尊重しているからである。日本の社会教育は、村や地域といった共同体における教育活動を中心に、共同体構成員としての教育から発展してきた経緯から「コミュニティ教育」に近いといえる。

　アクティブ・シティズンシップ教育に共通しているのは、この教育プロセスによって、人びとが、自己決定をしながら自己効力感を得てエンパワメント（Empowerment；力の獲得）される点や、脆弱な立場にある人たちを含めた社会への参加、そして民主性を高めていく点である。自己効力感とは、直面する課題を克服できるだろうという期待や自信を意味し、エンパワメントとは、例えば個人が生活状況を改善するための行動を起こすことができるよう、個人的、対人的、政治的なパワーを強めていくプロセスを意味する。

　アクティブ・シティズンシップの教育の理念やそれを獲得するスキルは、以下の図Ⅰ-5のように整理される。

まず、成人のアクティブ・シティズンシップ教育は、三つの環境醸成の土台から構成される。一つめがシティズンシップを育む成人教育政策の計画と予算があることである。具体的な方策の可能性は多様にあるが、公的社会教育や市民活動による学習機会を充実させ、社会参加や市民性、民主主義に関する学習内容（テーマ）の推進を政策として計画し予算をつけることがあげられる。二つめは、成人教育が参加型の学習方法と民主的なプロセスをもつことである。生活上や社会の課題について、自らの経験や関心に応じて実際に活動しつつ、対話や議論をする学習は、主体性やエンパワメントを培うために不可欠である。三つめは、人びとがアクティブ・シティズンシップを発揮する鍵となる人、および地元の知恵といった地域資源である。実際の活動や地域生活の現状から学習を進めていくためには、すでに多様な活動をしている人や地域特有の歴史背景や文脈を地域全体でどうとらえているかが重要となる。

　そして、これらの環境をもとに、ものごとを権力関係や脆弱性と人権からとらえ、民主主義、社会正義と公正、平和と対立、持続可能な開発にかかる知

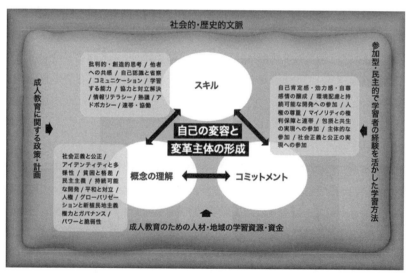

図 I-5　アクティブ・シティズンシップのための成人教育の枠組み
出典：開発教育協会（2024：8頁）。

識と、自己肯定感や効力感、共感と連帯、自己省察、尊厳と多様性の尊重、責任感といった価値態度、批判的・想像的思考、自ら学習する能力、協力と対立解決、コミュニケーション、情報リテラシーといった技能のスキルを獲得することが、アクティブ・シティズンシップ教育の目的となる。

4. 自分が変わり社会を変える大人のアクティブ・シティズンシップ教育

　大人のアクティブ・シティズンシップ教育は、座学ではなく日々の地域・社会参加の実践的な行動を通した学びからなるが、その方法は多様である。ワークで社会課題への関わりをみなさんに問うたが、示されている9項目はあくまでもごく一部の例であり、実際に取り組んだことがあったとしても、その参加や関心の強さもさまざまであろう。あらゆる問題に対する積極的な参加が求められるわけではないが、一つでも何かしらの方法で市民活動に従事する社会参加は、自分と社会の双方を豊かにする鍵となる。

　また、私たちが感じる「生きづらさ」は、必ずしも本人に責任がすべてあるわけではない。なぜその状況にあるのかを分析していけば、社会環境や背景が大きく影響しているか、または原因であることがわかる。個人の問題を他者と共有しながら問題化し、共に改善を考え、取り組むプロセスが学習活動であり、その活動を通じて学習者のシティズンシップが培われる。忘れてはならないのは、社会は私たちと別のどこかに存在するのではなく、「共にある」という点であり、だからこそ、あらゆる社会の問題を学びながら参加をし、力を獲得し、生活をより豊かにすることで、社会を変えていける。

〔近藤　牧子〕

> **【ワーク2】個人的な問題は社会の問題でもある**
> 　日頃感じる社会生活のモヤモヤごとを三つずつ出し合ってみよう。なぜ・何に対してモヤモヤするのか、どうしてそんなことが起こるのか、何がそうさせているのか、などを深掘りし、背景にある社会状況と関連づけ、個人のモヤモヤごとを社会の問題としてとらえてみよう。

注
1) 国際的な成人教育の実施状況の調査報告書であるユネスコの「成人教育のグローバルレポート」の第4次報告（2017年）、第5次報告（2022年）でも三つの一体性が強調されている。

第6講 大人の「学びなおし」をどう支えるか？

学習の目標
・大人の「学びなおし」とは何かを理解する。
・大人の「学びなおし」の支援の方法と課題を理解する。

1. 大人の「学びなおし」とは

　Ⅰ部4講で、働く世代の学びについて学んだが、現在の政策上のリスキリングや職業訓練で対象とされる人たちとは異なる立場から、「学びなおし」を必要とする人たちがいる。そもそも「学びなおし」とは、一度学んだ内容を再度復習することではなく、学ぶ機会の再獲得を意味する。本来獲得できたはずの学力や経験などの「奪われた」学習を取り戻すことである。
　日本では、義務教育制度が存在し、すべての人が小・中学校の教育を受けていることがいわば前提とされる。しかし実際には、病気や不登校、家庭の事情、民族ルーツの問題などから十分に学校に通えないまま形式的に卒業をする人たちが少なからず存在する。また、貧困や部落差別、国籍差別などで学校に通えなかった人たちもいる。現在は日本で暮らしていても、かつて暮らしていた国で十分な教育を受けられなかった人もいる。
　先に「奪われた」学習、と説明した理由には、そうした人たちは本人の責任において学習の機会を失ったのでは決してなく、社会が学習の機会を奪ったことを説明する意図がある。日本国憲法第26条2項で定められている義務教育とは、学齢期の子どもたちが学校に行く義務を負っているのではない。保護者、国や自治体、学校といった大人たちが、子どもに教育を受けさせる義務を負うとされている。義務教育制度を根拠に学校制度が存在するが、学校制度があることで、すべての子どもたちに教育を受けさせる義務が果たされているわ

けではない。残念ながら憲法に書かれていることを実現する途上にある。

　よって、「学びなおし」を必要とする大人（若者を含む）たちは、本来保障されるべき教育への権利を保障されずにきたこと、そして、学校に通えないこととさまざまな差別や不利益を被ることとは不可分な関係にあることからも、学習を「奪われてきた」と説明されるべきなのである。

2. 基礎教育保障を担う学習の場

　個人の能力形成や生活能力の基礎となる教育を「基礎教育」という。2016（平成28）年に設立された基礎教育保障学会の設立趣意書では、「人間が人間として尊厳をもって生きていくために必要な教育で、人間の生活に最低限度必要とされる基礎的な教育」とされる。

　日本の学校外で基礎教育保障の実践を担ってきたのは、民間の識字教室や夜間中学校である。自主夜間中学校は2023（令和5）年段階で、都道府県と指定都市が把握するだけで全国に47校存在し、識字講座などは543事業だが（文部科学省, 2023）、実態は100校を超えるとも言われる。その活動形態は、公立夜間中学校設立をめざす／めざした運動の一環であるものや、設立主体にかかわらず教育保障に専念するものなどさまざまである（田巻, 2022）。主な学習者は、若年不登校者、学齢超過者、外国籍（在日コリアン、終戦にともなう引き揚げ者、ニューカマー）[1]、である。

　識字学級は、1960年代から1970年代の部落解放運動（部落差別の人権回復と確立の運動）の興隆期と、1990（平成2）年の国際識字年の制定時に開設ピークがあった（棚田, 2011）。学級では貧困や差別により排除された人たちの大切な学び舎としてさまざまな学習が重ねられてきており、多くの学習者が残してきた人生や生活を綴る文字と言葉の力に圧倒される。神奈川県横浜市寿町で識字学級を25年以上にわたり運営してきた大沢敏郎による『生きなおす、ことば：書くことのちから — 横浜寿町から』（2003年）には、多数の学習者の言葉が収録されている。日本の三大ドヤ街[2]の一つであり、学ぶ機会を「失わせられた」人たちの「生」と「ことば」によって、私たちの社会における差

別や排除といった構造的な問題をつきつけられる。構造的問題といえば、識字学級の男女の内訳は女性77％と圧倒的に女性学習者が多く（棚田，2011）、それが劇的に改善されたわけではない。教育の達成において女性に対する社会的期待の低さによる、ジェンダー差別と不平等の問題も看過できない。

　自主夜間中学校の取組みは、規模も状況もさまざまある。社会教育や自治体の施設の場所を定期的に借りて、ボランティアの教師たちが集い、高齢者や学齢超過者、学齢期の子どもなどが共に学ぶ形式や、一軒家で学齢期の子どもたちを対象とし、居場所と学習の場の両方を兼ねているところなどもある。

　一方、公立の夜間中学校は、1947（昭和22）年開設の大阪市立生野第二中学校夕間学級が最初とされるが、1950（昭和25）年に文部省指導にて閉鎖される。当初は学齢の15～19歳の子ども・若者の長期欠席の保障であったが、1960年代末以降、学齢超過者の教育機会を保障しようと公立の夜間中学増設を求めた市民の活動が契機となり、増設されていくこととなった（横関，2020：13頁）。そこから長い時を経て、2016（平成28）年に「義務教育の段階における普通教育に相当する機会の確保等に関する法律」（通称：教育機会確保法）が制定されてから、公立夜間中学校は微増している。

　全国の国籍別等生徒層の推移では、地域差はあるもののニューカマーの利用が1980年代から急増し、2000（平成12）年以降は在日コリアンの割合が急減、引き揚げ者も減少するが、「その他外国人」の割合が増加しており、2017（平成29）年度には7割を占めるようになった（横関，2020：24-25頁）。2022（令和4）年度は、公立夜間中学校40校のなかで、66.7％を占めている（同上）。移民政策が進展しない日本では、外国ルーツの人たちへの学習支援整備も進まず、自主・公立夜間中学校や識字学級は、日本語学習や生活支援のノンフォーマルな教育の場としての役割をも担っている。

　公立夜間中学校は、2024（令和6）年4月時点で31都道府県に53校存在する（図Ⅰ-6）。毎日のカリキュラムがあり、学習の場所が確保され、教員は有給であり、給食（夕食）が準備される学校もあり、学校行事もある。教材を得て中学校修了の資格を得ることができる。一方、自主夜間中学校は、社会教育施設や自治体の施設を週に数回、2～3時間程度間借りし、教師はボランティ

アであり、運営費や教材供給も不安定である。「卒業」のない自主夜間中学校の意義があり、ボランティアの教師たちとの人間関係や交流は貴重なものであるが、週に数回の短時間の機会やボランティア頼みの運営では安定した教育機会の確保とはいえない。実際に、自主夜間中学校の55.8%は都道府県教育委員会から何の支援も行われていない（文部科学省，2023）。

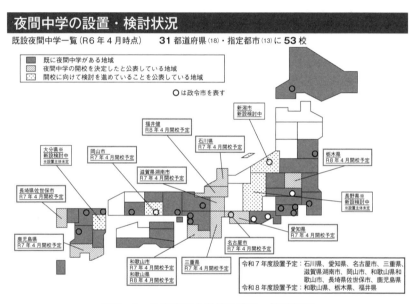

図Ⅰ-6　公立夜間中学校の設置・検討状況
出典：文部科学省Webページの図を修正。2024（令和6）年4月時点（URL：https://www.mext.go.jp/a_menu/shotou/yakan/index_00003.htm）。

【ワーク】夜間中学校のことを調べてみよう
　自主夜間中学校や公立夜間中学校に関するニュースや特集動画をみて、公立夜間中学校と夜間中学校について、学習環境、学習者や教師の状況などから比較し、相違点や共通点を書き出してみよう。

3. 国際的にも推進されてきた基礎教育保障

　すべての人の教育保障への取組みは日本だけの問題ではなく、世界全体で共通の、大きな課題となってきた。現在の世界的目標であるSDGs（持続可能な開発目標）の教育目標はSDG4であり、「すべての人に包摂的かつ公正な質の高い教育を確保し、生涯学習の機会を促進する」と定められている。しかし、これはSDGsで初めて制定されたわけではなく、それ以前からのEFA（Education For All：すべての人を教育を）運動の一端なのである。

　1990年の「世界教育フォーラム」（タイ・ジョムティエン）は、ユネスコ（国連教育科学文化機関）、ユニセフ（国連児童基金）、国連開発計画と世界銀行の共催により、政府代表、政府間組織、NGOなど約1,500人もが参加した大規模会議となった。そこで採択された「EFA宣言」と「EFA行動枠組み」は2000年までにすべての人の基礎的な学習保障をするための目標と戦略であった。この枠組みは初等教育の完全普及、識字、生涯学習を軸としていた。目標期限の2000年の「世界教育フォーラム」（セネガル・ダカール）では、「ダカールEFA行動枠組み」（2015年期限）が採択され、①幼児教育、②初等教育完全普及、③ライフスキル及び職業教育、④識字、⑤教育におけるジェンダー平等、⑥教育の質に関する6項目の目標が設定された。同年、SDGsの前身ともいえる「ミレニアム開発目標」（MDGs）で初等教育の完全普及が設定された。2015年には「世界教育フォーラム2015」（韓国・仁川）が開催され、2030年までの教育政策ビジョン「仁川宣言」が採択され、同年にSDGsの採択もなされた。SDG4はEFAが達成されるまでの運動の一つにすぎず、2030年以降も新たな枠組みを設けながら継続して取り組まれる予定である。

4. すべての人が学びから取り残されない社会に向けた学習支援

　大人の「学びなおし」を支援する際に重要なのは、第一に学べる機会が保障されること（間接支援）、第二に、その実践では学習者をエンパワメントする学習支援を行うこと（直接支援）である。

　第一の学習機会の保障について、直接支援を安定した継続的なものにするために、政策や制度による整備が重要になる。公立夜間中学校の設置を進めてはいるが、各都道府県に1校程度で、通学に2～3時間（それ以上）を要しては、日常的に働きながら学習をする人たちの通学ニーズを満たせない。また、移民の人たちの日本語保障の問題もうやむやであり、すでに夜間中学校の7割が外国籍の学習者であるが、日本語教育や移民向けのカリキュラムの編成は現場ごとに苦慮している。

　そもそも日本政府は、非識字者の実態調査を1954（昭和29）年以来一度も実施したことがなく、現状把握が的確にされていない問題がある。政府見解として「義務教育制度があるから非識字者の社会問題はない」というユネスコ調査回答までしている（近藤, 2020）。このことは、実態に応じた対応を進めていないのみならず、非識字者の存在を公式に認めず、政策整備を行わないという社会的排除の姿勢の表れであり、識字教育を必要とする人たちに自らの状況を恥じさせディスエンパワメントを深める。

　第二の直接支援についてであるが、「学びなおし」の支援とはいわばエンパワメントの過程である。学習機会を得られなかったことは、単に学力や社会的スキルを獲得する機会を得られなかっただけではなく、それによるさまざまな劣等感や自信喪失などの自己肯定感の低下、そして差別を受ける経験の蓄積を意味する。学習者にとって、教師や同じ学習者たちとの交流が失われた人間関係への自信や自分への自信を取り戻すプロセスとなることが望まれる。

〔近藤　牧子〕

注

1)　在日コリアンは戦時期に日本の植民地下にあった朝鮮半島から軍需産業などの労働のために強制連行されたコリアンおよびその子孫である。引き揚げ者とは、第二次世界大戦期に日本の植民地下にあった中国本土で暮らしていた日本人のうち終戦後も日本に戻ることができなかった人、ニューカマーとは戦後の労働者としての移民をさす。

2)　日雇い労働者が住む簡易宿所の多い地域をドヤ街といい、東京都台東区の山谷、大阪市の釜ヶ崎（西成）、横浜市の寿町の3地域はその規模が大きかった。

第Ⅰ部　参考文献・資料

【1講】

田中雅文（2020）「『生涯にわたる学習』としての生涯学習」田中雅文・坂口緑・柴田彩千子・宮地孝宣『テキスト生涯学習：学びがつむぐ新たな社会〔新訂2版〕』学文社，1-14頁．

フレイレ，P.（1979）『被抑圧者の教育学』（小沢有作・楠原彰・柿沼秀雄・伊藤周訳）亜紀書房．

フレイレ，P.（2018）『被抑圧者の教育学〔新訳〕』（三砂ちづる訳）亜紀書房．

【2講】

坂口緑（2020）「生涯学習の理念と理論」田中雅文・坂口緑・柴田彩千子・宮地孝宣『テキスト生涯学習：学びがつむぐ新たな社会〔新訂2版〕』学文社，17-31頁．

佐藤晴雄（2007）『生涯学習概論』学陽書房．

丹間康仁（2018）「社会教育と学校教育 ―『学社総合』化への流れをめぐって」『月刊社会教育』62巻4号，21-24頁．

鶴見俊輔（2010）『教育再定義への試み』岩波書店．

Knowles, M. S.（1970）*The Modern Practice of Adult Education; Andragogy versus Pedagogy*, Association Press.

【3講】

岩崎久美子（2019）『成人の発達と学習』放送大学教育振興会．

エリクソン，E. H. & エリクソン，J. M.（2001）『ライフサイクル、その完結〔増補版〕』（村瀬孝雄・近藤邦夫訳）みすず書房．

荻野亮吾（2011）「生涯学習へのナラティヴ・アプローチ」立田慶裕・井上豊久・岩崎久美子・金藤ふゆ子・佐藤智子・荻野亮吾『生涯学習の理論 ― 新たなパースペクティブ』福村出版，146-164頁．

ギデンズ，A.（2005）『モダニティと自己アイデンティティ ― 後期近代における自己と社会』（秋吉美都・安藤太郎・筒井淳也訳）ハーベスト社．

シャイン，E. H.（2003）『キャリア・アンカー ― 自分のほんとうの価値を発見しよう』（金井壽宏訳）白桃書房．

立田慶裕（2011）「おとなの生きる力 ― キー・コンピテンシーの習得」立田慶裕・井上豊久・岩崎久美子・金藤ふゆ子・佐藤智子・荻野亮吾『生涯学習の理論 ― 新たなパースペクティブ』福村出版，48-68頁．

ハヴィガースト，R. J.（1997）『ハヴィガーストの発達課題と教育 ― 生涯発達と人間形成』（児

玉憲典・飯塚裕子訳）川島書店.
堀薫夫（2018）『生涯発達と生涯学習〔第2版〕』ミネルヴァ書房.
ライチェン, D. S. & サルガニク, L. H.（2006）『キー・コンピテンシー』（立田慶裕監訳）明石書店.
レヴィンソン, D.（1992）『ライフサイクルの心理学（上）』（南博訳）講談社学術文庫.
Merriam, S. B. & Clark, M.C.（1992）"Adult Learning in Good Times and Bad," *Studies in Continuing Education*, 14（1）, pp.1-13.
Rossiter, M.（1999）"Understanding Adult Development as Narrative," in Clark, M. C. & Caffarella, R. S.（eds.）, *An Update on Adult Development Theory: New Ways of Thinking about the Life Course*, Jossey-Bass, pp.77-85.
Super, D.（1980）"A life-span, life-space approach to career development," *Journal of Vocational Behavior*, 16, pp.282-298.

【4講】

石原直子（2021）「リスキリングとは ― DX 時代の人材戦略と世界の潮流」経済産業省「デジタル時代の人材政策に関する検討会」資料 2-2.（URL：https://www.meti.go.jp/shingikai/mono_info_service/digital_jinzai/pdf/002_02_02.pdf）
石山恒貴・伊達洋駆（2022）『越境学習入門 ― 組織を強くする冒険人材の育て方』日本能率協会マネジメントセンター.
ウェンガー, E.（2002）『コミュニティ・オブ・プラクティス ― ナレッジ社会の新たな知識形態の実践』（野村恭彦監修、野中郁次郎解説、櫻井裕子訳）翔泳社.
小林祐児（2023）『リスキリングは経営課題 ― 日本企業の「学びとキャリア」考』光文社.
総務省（2018）『平成 30 年版 情報通信白書』.
出相泰裕（2021）「OECD のリカレント教育の理念と今日の日本におけるリカレント教育の意味」『UEJ ジャーナル』36 号, 1-19 頁.
中原淳（2021）『職場学習論 ― 仕事の学びを科学する〔新装版〕』東京大学出版会.
パーソル総合研究所（2022）「リスキリングとアンラーニングについての定量調査」.（URL：https://rc.persol-group.co.jp/thinktank/data/unlearning.html）
松尾睦（2019）『部下の強みを引き出す ― 経験学習リーダーシップ』ダイヤモンド社.
松尾睦（2021）『仕事のアンラーニング ― 働き方を学びほぐす』同文舘出版.
松尾睦・築部卓郎（2023）『看護師・医師を育てる経験学習支援 ― 認知的徒弟制による6ステップアプローチ』医学書院.
CERI（1973）*Recurrent Education: A Strategy for Lifelong Learning*. OECD.
Fenwick, T.（2001）"Tides of Change: New Themes and Questions in Workplace Learning," *New Directions for Adult and Continuing Education*, 92, pp.3-17.

Kolb, D. (1984) *Experiential Learning: Experience as the Source of Learning and Development*. Prentice Hall.

Lombardo, M. M. & Eichinger, R. W. (2010) *The Career Architect Development Planner*, 5th edition, Lominger International.

【5講】

開発教育協会編(2024)『社会教育・生涯学習実践のためのおとな・ユースのアクティブシティズンシップ教育ハンドブック』開発教育協会.

UNESCO (2015) "Recommendation on Adult Learning and Education."

【6講】

大沢敏郎(2003)『生きなおす、ことば:書くことのちから ― 横浜寿町から』太郎次郎社.

近藤牧子(2020)「SDGs時代の成人学習・教育(ALE)の国際的展開」『日本公民館学会年報』17号, 129-138頁.

棚田洋平(2011)「日本の識字学級の現状と課題 ―『2010年度全国識字学級実態調査』の結果から」『部落解放研究』192号, 2-15頁.

田巻松雄(2022)「自主夜間中学の今日的意義と課題に関する予備的考察」『基礎教育保障学研究』6号, 176-193頁.

文部科学省(2023)「令和4年度 夜間中学等に関する実態調査」.

横関理恵(2020)「戦後の公立夜間中学の成立過程と学校運営に関する歴史的研究 ― 1950年-1970年代の奈良県と大阪府を中心に」北海道大学博士学位請求論文.

第Ⅰ部 さらに学びを深める資料

【5講】

開発教育協会編(2023)『18歳成人とキャリア教育ハンドブック』開発教育協会.
　18歳になると何ができるようになるのか、大人になるまでに何を教育で学んでおくべきなのか、大人になるとはどういうことなのかを問う教材である。

開発教育協会編(2016)『ソーシャル・アクション・ハンドブック ― テーマと出会い・仲間をつくり・アクションの方法をみつける39のアイデア』開発教育協会.
　社会参加が特別なことではなく、自分にもできる、やってみたいと思えるようなアクションとその効果について考えるアクティビティと解説が掲載されている。

第 II 部

学び合いをどうつくるか？

第Ⅱ部　解説

　人びとが、協力しながら主体的そして相互的に学びをつくりあうことを「学び合い」という。近年では、学校教育でも学び合いはキーワードになっているが、具体的に何をもって学び合いとなるのだろうか。ワークショップをすれば、また話し合いや対話をすれば学び合いが成立しているといえるのだろうか。

　戦後社会教育では、青年（若者）や女性の学習活動における「共同学習」「話し合い学習」という、学習者同士が主体的に、そして自立的に学ぶ小集団学習方法が展開されてきた。仲間同士で現実の生活に根差した問題を話し合い、それらを検討・議論し、解決に向けた実践をしながら新たな課題を見いだす、生活実践と学習の一体的な学習方法である。またそれらは、教授と管理を中心とする学校教育に対して批判的な学習運動や、生活改善運動としても展開されてきたことも重要である。こうした学び合いの系譜は、現代的な対話や議論の本質や、方法論にのみ依存するワークショップを考え直す手がかりをくれる。

　「学び合い」は、自立的な主体を育む人間形成の方法である。人の学びとは何か、学習者とは誰か、学ぶ目的は何か、小集団の関係はどのようなものか、生活や社会のあり方はどうか、などが問われる方法でもある。ここでは、学び合いの理論的な深みには入りきれないが、多様な学習現場を想定しつつ、小集団での対話や思考を促進する働きかけ、環境づくりやデザインを中心に説明する。また、学習方法としてのふりかえり（省察）や評価について考える。

　まずは、対話と学びの創造・促進についてみていく。第1講**「対話に基づいた学びをどうつくりあげるか？」**では、対話の重要性とその場づくりのために大切にするべきことを理解する。コミュニケーションのなかの対話の特性から、対話が成り立たない場合の理由や、対話を通じた学習を構成するために必要な点を整理していこう。第2講**「学びに向けてどう学習者に問いかけるか？」**では、教育における問いの質や種類を理解し、学習者の自立的な思考に働きかける問いについて考える。質問・発問・問いの違いを整理しつつ、他者の学びを深める問いや、問いを立てることそのものが学習となる点を理解す

る。

　続いて、2000年代に発達してきた、参加型の学習形態を包括的に意味するワークショップについてみてみる。第3講「**学び合うワークショップをどう組み立てるか？**」では、多様な領域で実践されるワークショップの分類から、実践の多様性を理解する。そのうえで、ワークショップを組み立てるためのデザインの方法とその運営方法を学んでいこう。

　さらに、具体的なワークショップの運営方法のさらなる詳細としてのファシリテーションに関わる環境づくりの具体方法についてみていこう。第4講「**対話と学びの『環境づくり』をどう進めるか？**」では、多様な人が集って意見共有をしながら学び合うための環境づくりについて、空間の物理的側面と学習者の安全・安心を確保する心理的側面から考えていく。それらの環境づくりについて、具体的方法が紹介されている。第5講「**オンラインでの学び合いの『環境づくり』をどう進めるか？**」では、世界的なパンデミックを経て普及した、オンライン形式の学習環境づくりについてみていく。オンラインのメリットとデメリットを整理しつつ、オンライン講座の準備のために検討すべき点や実施上の工夫の具体が紹介される。この整理をふまえて、オンラインと対面の両方を活用した学び合いの環境づくりについても考えてみよう。

　そして、最後に学習のふりかえりや評価についてみていく。第6講「**ふりかえりはなぜ大切なのか？**」では、学習とふりかえりの関係をふまえたうえで、ふりかえりの意義について考える。さらに、リフレクション／省察について理解を深め、学習者のみならず学習支援者にとってのふりかえりの重要性をとらえてみよう。本講では、ふりかえりの具体的方法がいくつか紹介されるが、ふりかえり自体が学習活動の重要な一部であることを理解しよう。

　最後の第7講「**学習の『評価』をどう行うか？**」では、教育プログラム評価の重要性と、生涯学習のプログラム評価方法を紹介する。社会教育・生涯学習では事業の評価と学習の評価の観点があり、両者を関連づけることが学び合うプロセスを構築する共同体としての学習組織形成に関わることを理解しよう。

〔近藤　牧子〕

第1講　対話に基づいた学びをどうつくりあげるか？

学習の目標
・対話がなぜ重要なのかを理解する。
・対話の場づくりのために大切にすべきことを理解する。

1. 対話がなぜ成り立たないのか

　現代社会では、日常のさまざまな場面で「対話」が重要とされる。例えば、2017（平成29）年に改訂された学習指導要領で推奨されている「アクティブ・ラーニング」が「主体的、対話的で深い学び」と表現されるように、対話は学習を構成するための不可欠な要素とみなされている。学校運営協議会や地域の各種協議会などの公的な場でも対話が重要とされる。さらに社会教育やまちづくりの現場では、参加者同士の学習と対話を促すため、グループワークやワークショップ、ワールドカフェなどの手法が頻繁に用いられている。

　しかし、実際のところ、本来の意味での対話ができている場は驚くほど少ない。サークルや職場などの会議の場で、年長者や役職者、声の大きい人ばかりが話し、他の人は下を向くか、無関心か、ただ頷くばかりになっている場面を目にしたことはないだろうか。学校や授業における話し合いで、お互いの意見に耳を傾け、新たな見方ができるようになった経験がどの程度あるだろうか。

　地域の話し合いの場でも、建設的な対話がなされていないのが実情である。しばしば目にするのが、報告が延々と続き、最後の数分程度「自由に意見を出してください」と質疑応答の時間が設けられるという方法である。残念ながら、この短い時間で深い対話がなされる可能性はほぼない。一見、対話的な場でも、よく観察すると、各自が経験談を披露したり、主張を繰り返したりし

て、相手の意見に耳を傾けない様子が見受けられる。最後は「みんな違ってみんなよい」という結論になり、各参加者は釈然としないまま帰路につくことになる。

　対話の場によくみられる問題として、佐藤（2022）は、①社会的な「上下関係」に起因した遠慮、②参加者間での前提の不一致や非共有、③義務的な参加動機、④発想の固定化といった四つの要因をあげている。これ以外にも対話を阻む要因は数多く存在する。

> **【ワーク1】対話がなぜ成り立たないのかを考えよう**
> 　これまで、話し合いがうまく進まなかった場面を思い出してみよう。上記の対話の場の問題を参考にして、①参加者の問題、②テーマ設定の問題、③雰囲気づくりの問題、④場の回し方（ファシリテーション）の問題、⑤その他の問題にわけて、なぜ対話が進まなかったのか、その原因を考えてみよう。

　このように、対話の不足する現代社会であるが、それでも対話は必要である。その理由を、中原（2022）にしたがって三つにまとめておく。一つは、現代社会はVUCA[1]と呼ばれるように先行きのみえない「不確実な世界」だからである。かつての高度経済成長期には誰もが欲しがっているものが明確で、各企業でも何をつくれば売れるかがわかりやすかったが、現代社会では「答え」をみんなで探索し、決めることが必要になっている。二つめは、情報化やグローバル化の影響で、私たちの周囲も同質性の高い場から、多様性の高い環境へと移行しつつあることである。これにともない、人種や宗教、国籍などの「表層のダイバーシティ」だけでなく、多様な考え方や価値観、習慣などの内面の違い（「深層のダイバーシティ」）に向き合う必要が生じている。三つめは、日本だけでなく世界中で進む民主主義の危機的状況である。自分たちのことを自分たちで話し合って決定するという基本原則が崩れ、独裁的決定のもとに世界情勢は緊迫化し、経済的格差は是正されないまま、貧困問題が広がっ

ている。

　これらの状況に対して、時間はかかっても、問題の本質に向き合うために対話を行うことが有効である。アフリカのことわざに「早く行きたければ一人で行け、遠くまで行きたければみんなで行け」とあるように、社会を良くしていくためには、お互いの意見に丁寧に耳を傾け（傾聴）、異なる意見への理解を深め、みんなで課題解決に取り組むことが大切である。

2. 対話と他のコミュニケーションの違い

　ここで、「対話」の特徴を明らかにするために、私たちが日常生活のなかで行うコミュニケーションの種類を四つに整理した表Ⅱ-1をみてみよう。まず、「討論」とは、二つ以上の立場に分かれてお互いに意見を述べ合い、どちらが正しいのか勝敗を決めるコミュニケーションの方法である。学校の授業などで実際に行なったこともあるだろう。次に「議論」は、あるテーマに対して「結論を決める」ことを目的とするものである。会議の場で、次回集まるまでに何をすべきか決めることなどが該当する。さらに本講で取り上げる「対話」は、ある事柄に対する参加者の認識（これを意味づけと呼ぶ）を共有しながら、相互に理解を深め、新たな認識をつくり出していくコミュニケーションの方法である。最後に「雑談」は、日常生活のなかで無意識に行われるもので、挨拶や交流、情報交換を主目的とするものである。

　よいコミュニケーションを進めるには、ここであげた「対話」と「議論」という二つのタイプのコミュニケーションを適切に使い分けることが重要である

表Ⅱ-1　四つのタイプのコミュニケーション

討論	どちらの立場の意見が正しいかを決める話し合い
議論	合意形成や意思決定のための納得解を決める話し合い
対話	自由な雰囲気のなかで行われる新たな意味づけをつくる話し合い
雑談	自由な雰囲気のなかで行われる気軽な挨拶や情報のやりとり

出典：安斎・塩瀬（2020：26頁）。

（中原, 2022）。まず、「対話」によって、お互いの意見のずれや違いを顕在化させたうえで、相互の違いへの理解を深めていく。この対話の過程をきちんとふむことで、共通認識が徐々に深まり、話し合う内容は減少していく。この段階で初めて「議論」の段階にうつることが理想的である。「議論」の段階ではそれまでの対話で出てきたさまざまな角度の意見をふまえて、相対的により優れている意見を、参加者全員の納得のもとに選び出していく。

　ここで注意すべきなのは、対話とは「非日常の特異なコミュニケーション」だということである（中原, 2022）。日常生活のなかで、常に対話を心がけていると、時間がかかり相互に疲弊してしまう。特異な形のコミュニケーションだからこそ、対話に向けた意識づけや、条件整備を丁寧に行うことが必要になる。

3. 対話を通じた学習

　ここまでみてきたように、対話とは、参加者それぞれの認識のずれを明らかにしたうえで、共通認識をつくりだしていく重要な方法である。対話を効果的に用いることで、参加者の学習が促されることとなる。

　例えば、「共同学習」は、対話に基づく学習方法の一つである。1950年代に日本青年団協議会が主導する形で、各地の青年団や婦人会で展開されたこの学習（運動）は、対等性や平等性の原則のもと、住民が共通に抱える生活上の問題を共に探究し、問題解決に向けて共同で実践を進めるものだった。共同学習では、小さなグループでの対話を基本に、読書会や生活上の出来事や思いを綴る生活記録などの方法などを取り入れ、農業技術の向上、生活の改善、村の古いしきたりの見直しなど、日常生活上の小さな、しかし各家庭に共通する悩みや問題を共有し、その解決をめざした。共同学習の方法は、その後の住民運動における学習や、公民館の学習活動などにも取り入れられた。

　現在、さまざまな場で取り入れられているワークショップも、対話を重視した学習方法の一つである（Ⅱ部3講参照）。ワークショップにはさまざまな定義があるが、本講との関係でいえば、「普段とは異なる視点から発想する対

話による学びと創造の方法」(安斎・塩瀬, 2020：112頁) という定義がわかりやすい。ワークショップは、日常生活では発想しえないような「問い」が設定されたうえで、その問いに答えるために、参加者が協同して思いや考えを出し合い、問題への理解を深めていく参加型学習の方法である（「問い」の大事さについてはⅡ部2講参照)。学習の場としてのワークショップにおいて、参加者は日常では思いつかなかったような考えを、他の参加者と共に発想することができる。

地域で大事な物事を決めていく際にも、対話が鍵となる。例えば、丹間 (2015) は、学校統廃合といった、保護者や地域に住む人のなかで賛否が分かれ、合意形成が難しいテーマであっても、対話を積み重ねていくことで、関係者相互の認識の変容が起きることを示している。反対意見が出そうだからと対話を避けるのでなく、きちんと時間をとって話し合う機会をつくることで、その問題に対する深い共通認識が形づくられ、その後の行動も変化していく。

以上の例から、対話とは、私たちの認識に変容が生じる過程であるとまとめられる。変容に至るには、対話を通じて、他者との認識の違いに直面し、自身がもつ暗黙の前提が問い直されることが出発点となる。その後の対話の過程で、異なる他者との間に共通する認識を見いだせれば、新たな認識の枠組みが形づくられる契機となる。これが、対話を通じた学習のプロセスである。

4. 対話の場づくりに向けて大切にすべきこと

最後に対話の場づくりに重要な三つの要素をあげる。これは場をデザインするファシリテーターだけでなく、参加者全員が意識すべき要素である。

第一に、対話の場において、参加者の多様性を大切にすることである。繰り返しになるが、対話の場で重要なのは答えを一つに絞ることでなく、お互いの違いを理解したうえで、相互の認識に変容がもたらされることである。この前提として、対話の場に特定の属性（性別、年代、人種、国籍など）の人びとだけが集まることを避けなければならない。年長者や男性、多数派の人しか集まらなければ、対話をしても若年者や女性、少数派の意見やニーズは出てこな

い。
　また、参加者それぞれに偏見や固定観念があり、経験や知識、物事の見方が異なる点も理解しておく必要がある（Ⅱ部4講参照）。参加者同士の違いを不可視化するのでなく、各参加者の背景や見方に違いがあり、多様な意見があるからこそ（認知的多様性）、有益な対話ができるというとらえ方が重要となる[2]。

> 【ワーク2】対話の場で生じる違和感について考えよう
> 　これまで対話をするなかで、自分と異なる意見が出た時にどのように感じたか、率直に話し合ってみよう。他者の発言に違和感を感じたり、苛立ちを覚えたりしたことがあった場合、なぜそのように感じたのか、原因を考えてみよう。

　第二に、安心して対話できる環境づくりが重要である。その基礎になるのは、「傾聴」の姿勢を、個々人へ、そして場全体へと浸透させることである。傾聴とは、ただ話を漫然と聞くのではなく、相手の話に深く耳を傾け、受容的かつ共感的態度で真摯に聴くことをさす。
　また、対話の場における「心理的安全性」を保つことも、対話を行うための必須条件である。対話の場に日常的な上下関係が持ち込まれたり、その場の発言のせいで別の場で中傷を受けたり不利益が生じたりするなどの不安を覚えれば、自由で対等な対話は困難になってしまう。各参加者が抱く懸念や不安を取り除くために、対話の場のグランド・ルールの設定を行う方法がある（Ⅱ部4講参照）。
　第三に、対話の場を、参加者が共につくるという「共創」の姿勢である。対話の場をつくるためには、「問い」の設定や、学習の場のプロセス・デザイン、雰囲気づくりなどの点においてファシリテーターの果たす役割が重要である（ベンズ，2023）。しかし、参加者それぞれがその場に真剣に向き合い、熟慮した意見を出そうとしなければ、よい対話の場は築けない。場の運営を誰

かに委ねたり、うまくいかない時に誰かを責めたりするのではなく（他責思考）、よい場をつくり、よい関係性を築く方法をそれぞれが学び、実践していくことが大切である。第Ⅱ部の各講で、対話の場づくりの方法を是非学んでほしい。

〔荻野 亮吾〕

注
1) Volatility（変動性）、Uncertainty（不確実性）、Complexity（複雑性）、Ambiguity（曖昧性）という四つの言葉の頭文字をとった造語。
2) 多様性が社会や組織にとってなぜ重要かは、サイド（2021）などに詳しい。

第2講　学びに向けてどう学習者に問いかけるか？

学習の目標
・問いの質や種類を理解する。
・学習者の自立的な思考に働きかける問いについて考える。

1. 教育における「問いかけ」の意味

　1980年代のイギリスにおけるグローバル教育の実践研究では、地球規模で起こる貧困や紛争、環境破壊など、その解決方法に明確な答えのない諸課題を学ぶにあたって、「教えるだけ」の教育観の転換を必要とすることが示された。そして教師向けの実践ハンドブックでは、人間は誰でも自分で考え、学びとる力をもっていると信頼し、教育の鍵は知識ではなく問いかけにあるとされている。その「問いかけ」とは、「単に質問するだけでなく、子どもたちが自分で疑問点を洗い出し、答えをみつけていけるようにすること」だとし、子どもたちの「学び方を学ぶ力」「問題を解決する力」「自分の価値観を自覚する力」「自分で選択できる力」を育むためにするとされている（フィッシャー&ヒックス，1991：15頁）。学習者の自立的な思考を刺激し、視野を広げたり、深めたりする問いかけは、教育実践における柱である。問いかけの質が「よく」、その問いに個人・集団で取り組めることで、探究が生まれる。
　具体的に教育の現場での探究を導く問いには、状況の文脈に合わせた魅力的な問いが求められる。たとえ定型の問いをあらかじめ用意していたとしても、相手や状況に応じて、相手を混乱・動揺させるものにもなる。もちろん混乱・動揺が重要となることもあるが、それが効果的かどうかの判断も必要になる。よって、目的や対象に応じて慎重な吟味をしつつ、柔軟かつ臨機応変に配慮された問いが発せられることで次なる探究につながる。そして問いの内容

は、相手が面白い、どうしてだろう、考えてみたい、と思える必要がある。

　また、問う側の意図を探らせるのではなく、安心して問いに集中することができるために、問いの想定や思惑を明示することも重要である。子どもが先生や大人たちの顔色をみるように、問いを発する側の意図に沿う「正解探し」をさせないような配慮である。

　日本の学校教育では、学齢期が上がるほどに覚えるべきとされる内容が増える一方で、答えのない「あなたはどう思うか？　それはなぜか？」という問いかけや議論の機会が減少する。自分の考えや意見を表明する機会が不十分であり、表現する力の鍛錬が不足するなか、大学生や大人になり、積極的に意見を求められて困惑することがあるだろう。しかし、学んだ内容を自らの思考や考えに落とし込み、表現し、さらに自ら問いを立てて探究する力は、主体的に生きる力量の基本となる。本来教育では、主体的な思考や表現を助け、学習者の学びを深めるためにも、何を、何のために問いかけるのか、を精査した問いかけが重要であり、問いこそが教育であるとすらいえるかもしれない。

2. 質問・発問・問いの違い

　問いかけの種類をもう少し詳しくみるため、質問、発問、問いの三つの違いを以下の**表Ⅱ-2**から考えてみる。これは、安西と塩瀬（2020）による、問いのデザインを説明するための一つの定義である。

　まず、「質問」とは、事実確認や具体的な応答を求めて相手に尋ねることである。知らない人が知っている人に対して情報を引き出す手段を想定してい

表Ⅱ-2　質問と発問の比較整理

	問う側	問われる側	機能
質問	答えを知らない	答えを知っている	情報を引き出すトリガー
発問	答えを知っている	答えを知らない	考えさせるためのトリガー
問い	答えを知らない	答えを知らない	創造的対話を促すトリガー

出典：安西・塩瀬（2020：43頁）。

る。相手は答えを知っている、または相手には引き出すべき情報があることを前提とし、それを聞く、引き出す手段として発するのが「質問」である。

次に「発問」は、意図的に相手に考えさせる問いかけや課題であり、いくつかの種類がある。教師がテキストに書かれた情報を直接読み取らせるための「事実発問」、直接示されていない内容を推測させる「推論発問」、内容に対する読み手の意見や態度を表明させる「評価発問」である。これらの発問はリーディング指導などにおいて活用される。基本的には、問う側（教師）は、知識としての正解や深めるべき思考を知っており、それらを知らない問われる側（生徒）に投げかけることによって答えに到達できることを想定している。

最後に「問い」である。問いを投げかける側も、投げかけられる側も誰も答えを知らない、という点が質問や発問と異なる。答えを知っている誰かがいれば、情報を引き出していけばよいが、誰も知らない状況から問いを立てながら答えをつくりあげていくことを想定している。

豊かな教育実践には、一方的な知識伝達にとどまらない適切な問いかけが不可欠である。その問いかけが質問なのか、発問なのか、問いなのかを意識化しつつ効果的に活用する必要がある。しかし、質問や発問、最初の問いの準備はできたとしても、応答に続くさらなる問いは、現場で生じるさまざまな意見やアイデアをふまえてつくられなければならない。その意味で、教育支援に求められる力量には、よい問いをその場に応じていかにつくりだすことができるか、という点が含まれる。

> 【ワーク1】質問・発問・問いかけづくりをじっくりやってみよう[1)]
> ① 新聞記事やコラムなどの資料を読み、もっと知りたい部分や疑問に思う部分に下線を引いてみよう。
> ② グループで、一人ひとりが下線を引いた部分を共有したうえで、それらを表す質問・問いをつくり、付箋に1項目1枚書いて貼っていこう。例えば、「…ってなんですか」「…は、どうしてですか」「…はどこにありますか」「どのように…ですか」「…しているのは誰ですか」のようにいろいろなタイプの問いをつくってみよう。

③ それぞれの問いが何に関する質問・問いなのか、整理してみよう（図Ⅱ-1を見本にして）。

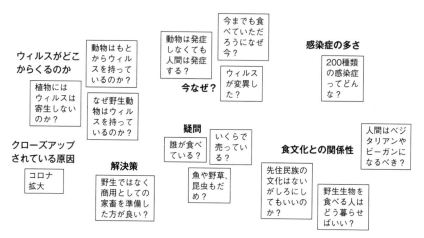

図Ⅱ-1　問いづくりワークの付箋紙と整理の例

（注）開発教育協会主催の「開発教育ファシリテーション講座」（2021年9・10月開催）で学習者から出された、森林伐採や野生生物の捕獲と感染症の関係について書かれた新聞記事に対する質問・問いを分類した例。

3. 問いを立てる学習

　自ら問いを立て、探究することは、自立的な学習主体となる成人教育の目標そのものである。実際に、問いづくりを教育方法とする実践がある。

　アメリカのロススタインとサンタナは、さまざまな地域の市民活動に教育者として関わり続けた経験から生み出された質問づくりを教育プログラムにする方法を考案した。その契機は、二人が子どもの中途退学防止プログラムに関わるなかで、低所得者層の親たちが子どもたちの教育について心配していても、学校の保護者会で何を尋ねたらよいかがわからないために行ったことがない、と繰り返し語ったのを聞いたことであった。二人は、こうした親たちにみられた課題に対して"The Right Question Project（正問プロジェクト）"を

立ち上げ、「正問研究所」を創設してその実践に関わってきた。

1990年代末には、ニュー・ハンプシャー州成人教育局で問いを立てる「質問づくり」を成人教育や生涯学習に導入した。このプログラムに参加した成人の学習者たちが、自ら考えた質問をするようになることでより自信を備えた学習者になる報告が、このプログラムに関わった指導者たちから寄せられた。

その後、学校での実践用のプログラムが考案されたが、ここでは「質問の焦点」「質問づくりのルール」「質問をつくる」「質問を改善する」「質問に優先順位をつける」「次のステップ」「ふりかえり」という七つの段階と教師と生徒の役割が示されている（ロススタイン & サンタナ，2015：41頁）。次のワーク2は、この質問づくりの方法を極めて簡略化したものである。本来このように単純化されるものではないが、その一端を体験してみてほしい。

【ワーク2】疑問文づくりと「よい問い」の吟味をしてみよう[2]
① 以下の文章から、疑問文づくりをしてみよう。文章の内容についてでも、言葉についてでも、なんでも構わない。自分が思った疑問に加えて、考えられる質問もつくりだしていこう。ただし、「主張・意見＋じゃないですか？／ですよね？」は疑問文ではない。一人あたり五つの質問をつくってみよう。
　「成人教育では、教育内容の資源は学習者の経験にある」
② 二人一組になって、お互いのつくった質問を見せ合ってみよう。そして、二人で「閉じた疑問文（yesかnoか一言で答えられる）」を「開いた疑問文（一言では答えられない）」につくりかえてみよう。この逆に「開いた疑問文」は「閉じた疑問文」につくりかえてみよう。
③ つくった疑問文すべての中からテーマに対して「よい問い」を二人で二つ選ぼう。その後、全体で発表し合おう。

現在でも正問プロジェクトの成人教育の受講生が、積極的な市民（アクティブ・シティズン：I部5講参照）として行動する調査や市民参加の実態調査か

ら、学習活動を通して民主主義を実現する研究を進めている。問いや質問を自らつくりだし、探究することは社会参加を促す学習活動となる。

4. 意識変容を促す問いかけ

　大人を対象とした教育では、意識変容と自己決定を促す要素が軸となる。大人は生きてきた経験を積み重ね、自らの価値観を含むパースペクティブ（視点）が確立されていることが多い。意識変容には、それらのパースペクティブに対する自己認識と組み替えを必要とするため、自己認識を見つめ直し、価値を揺さぶる問いかけが適切に行われることが重要となる（Ⅱ部6講参照）。

　価値観の揺さぶりは、知らなかったことを知って驚き、もっと知りたいと思うという前向きな効果のみならず、大人にとって不安や怒りを引き出す場合もある。例えば、性別役割分業（例：女は子育てと家事を担うもの・男はお金を稼いで一家を養うもの）に従って長年生きてきた人が、その解体を受け入れ、ジェンダーの規範から自由になるのはたやすくない。同様に、自らの無自覚な偏見を認めたり、自分が置かれたことのない立場からの見解を認めたりするのは、心理的に厳しいプロセスである。意識変容をしたいか、したくないかというレディネス（準備）は、個々人の状態による。意識変容の学習とは、個人の状態に応じて教育内容や方法を考える成人教育実践の代表的テーマである。

　そのなかで、問いかけとは、学習者に何を考えてもらうのか、何について議論してもらうのかという目的に即してつくられる、相手や状況に応じる動的な働きかけである。意識変容や、学習者がさらなる問いを自ら立てて臨んでいくような自己決定性の発達につながるような問いかけが学習支援の鍵となる。

〔近藤 牧子〕

注
1) ワーク1は、開発教育協会が主催する「開発教育ファシリテーション講座」における「問い」のワークを援用している。
2) ワーク2は、ロススタイン＆サンタナ（2015）の方法を援用している。

第3講 学び合うワークショップをどう組み立てるか？

学習の目標
・学び合うワークショップの特徴を理解する。
・学び合うワークショップの組み立て方を理解する。

1. ワークショップとは何か

　学び合うワークショップは、さまざまな目的で利用されている。例えばダンスを学ぶ、即興演劇をするワークショップといった身体表現活動もあれば、絵を描いたり工作をしたりするワークショップ、はたまた、まちづくりについて合意形成をするワークショップ、商品開発について議論しアイデアを出すワークショップなど、社会教育の文脈でも数多くの実践が行われている。これらに通底する価値観・理念とは何なのだろうか。
　「ワークショップ」の語源は英語の"Workshop"であり、工房・作業場を意味する単語から派生したものである（中野，2001）。このことからも、ワークショップが結果重視ではなくプロセス重視の学習観に立脚することがわかるだろう。ワークショップの定義について中野（2001：11頁）は、「講義など一方的な知識伝達のスタイルではなく、参加・体験して共同で何かを学び合ったり創り出したりする学びと創造のスタイル」と述べている。このなかで、ワークショップにおいて学習と創造が切り離せないものとして扱われていると考えられる。ワークショップとは、日本では1970年代に散見されるようになった手法であり、1990年代に普及したと考えられ、第二次世界大戦後に演劇教育、博物館教育、教師教育、まちづくりなど、日本の社会教育において一定の意義を有してきたといえる。
　これまでの他実践による定義や実践の系譜を鑑みたうえで、本講ではワー

クショップを「他者との相互作用の中で何かを創りながら学ぶ学校外での参加型学習活動」（森，2024：8頁）と定義する。この定義のなかでの「創る」対象は図画工作のような有形物に限らず、劇や思想・概念といった無形物も相当するものとする。

ワークショップはさまざまな分野に拡がっている。多様なワークショップ実践について、森・北村（2013）では、学ぶ活動のための構成・創る活動のための構成がそれぞれ意図的かどうかという軸で図Ⅱ-2のように整理してい

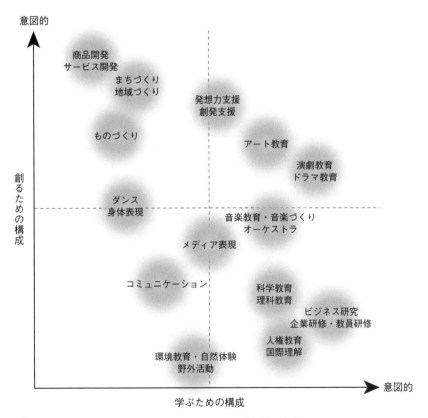

図Ⅱ-2　ワークショップ実践の分類
出典：森・北村（2013：314頁）。

る。

　ワークショップは、アートや哲学対話など多様な領域で、かつ、創造性開発や多様性の理解などさまざまな目的で実践されている。対象も乳幼児とその親対象の演劇ワークショップから、認知症予防のためのロボットを使った高齢者向けのワークショップまで、幅広い世代・背景の人を対象に実践されている。

2. ワークショップの組み立て方

　ワークショップはどのように組み立てればよいのだろうか。この手がかりとなるのが、図Ⅱ-3である。
　ワークショップを考える際、実践歴が10年以上あるベテラン実践者がどのように思考するかがこの図で示されている。これは森（2008）の実証研究をもとに作成されたものである。この流れに従ってデザインすれば、初心者でもワークショップデザインが行いやすいと考えられる。

① 内容の解釈
　依頼された案件であればその内容と齟齬がないように幅広く確認を行う。依頼案件でない場合は、自身が実践したいと思うものを整理する。

② コンセプトの決定
　内容がコンセプトに反映されるようにする。ここでのコンセプトとは、ワークショップ全体を貫く基本的な考えのことで、これはできるだけ一つに絞るとよい。コンセプトから活動の細部までが一直線になっていることが、学習者に受け止められやすいワークショップをデザインするうえで重要である。

③ デザインモデルの決定
　タイムテーブルや活動の枠組みとして、「デザインモデル」を検討し適用する。これは、実践する方が今まで用いてきた学びの型、あるいは学びを提供してきた現場でふれてきた型を活用するとよい。例えば、「序論－本論－結論」、「起承転結」のような文章作成の構造なども使うことができるし、「朝礼－授業（何コマか）－昼食－授業（何コマか）－終礼」という学校の時間割のようなも

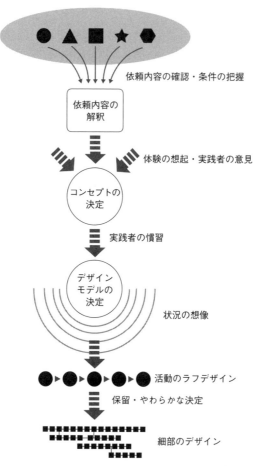

図Ⅱ-3　ベテランワークショップ実践者のデザイン過程
出典：森（2024：120頁）。

のも使える。ワークショップではよく用いられるのが「つくって-かたって（さらして）-ふりかえる」というデザインモデルで、この3ステップで活動設計するのがシンプルであるが一般的な構造である。他にも「導入-知る活動-創る活動-まとめ」（山内，2021）といったデザインモデルもある。調べてみればたくさんのデザインモデルがベテラン実践者によって報告・公開されているので、それらを学び、適宜自分の使いやすいように応用・改変していくのが望

ましい。

④　活動のラフデザイン

　ワークショップのコンセプトが決まったら、それと対応するような活動を考える。この時点では、参加者と何をするかという大枠だけ決める。必要な物資数や活動の詳細ルールなど緻密な計画や決定までは行わない。また、当日参加者に会ってから細かいことを調整し決められるよう保留・選択の余地を残した「やわらかな決定」を行う。

⑤　細部のデザイン

　活動の大まかなデザインができたら、当日の現場の様子を想定しながら必要な物資数や活動のルール、人員の配置など詳細な段取りを考えていく。初心者の場合は、ここでプレ実践を運営者側で行うと想定しやすくなる。プレ実践を行えない場合でも、シナリオを練ることでエラーは起きにくくなる。ただし、ベテラン実践者は経験値から想定が容易な場合も多く、プレ実践やシナリオ作成を行わない場合がある。

【ワーク1】ワークショップのコンセプトを考えよう

　市立の情報メディアセンターの教育普及担当者から、ワークショップの依頼があったと仮定する。依頼文は下記のとおりである。

　今回、メディアセンター内ギャラリーにおいて、「学びとおもちゃ」に関する展覧会を行うことになりました。この展覧会に付随するかたちで、「おもちゃ」に関するワークショップを催したいと思っております。

　ワークショップでは、おもちゃや遊びの自由な創造性に気づいてもらえるようなプログラムにしていただければと思います。対象となる参加者は、できれば高校生以上にしたいと考えております。募集は館内掲示、市の広報雑誌になるかと思います。また、会場予定としているのは会議室で、その関係から人数は20名程度がよいのではないかと思われます。

　時間は6時間程度、10時からお昼をはさんで16時解散、といった

ところでしょうか。当館の閉館時間は17時なので、それまでに、片付けも終了できればと考えております。今回スタッフは4人参加させていただく予定です。

　この依頼に対してワークショップのタイトル、コンセプト、タイムテーブルを図Ⅱ-4を参考にして考えよう。タイムテーブル作成時には時間の余白も意識しよう。

【ワーク2】ワークショップのシナリオを考えよう
　ワーク1で作成したコンセプトとタイムテーブルにそって、当日の準備から後片付けまでのシナリオを考えてみよう。

3．ワークショップの運営

　ワークショップの運営は、企画立案の直後からはじまっている（図Ⅱ-5参照）。企画を参加者にどのように伝えるか、すなわち、広報が運営のスタートと考えられる。参加型であるワークショップにとって、参加者を集めることは大きな課題である。まずは、わかりやすいタイトルと概要説明を含んだ告知文の作成をしてほしい。そのうえで、既存のコミュニティに呼びかける、ポスターを作成する、SNSを使うといった手段を駆使し、十分な広報期間をとって対応してほしい。

　次に事前準備である。事前準備はワークショップにとって要である。企画と運営は表裏一体であり、企画が微細まで整っている場合、運営の負担は軽減される。ワークショップ実践初心者であればあるほど、企画を頑健にし、シナリオをしっかり組み立てておくことをお勧めする。逆に実践へ慣れてきた方は、ベテラン実践者のデザインプロセスにあるように少しだけ企画をゆるめに立て、当日参加者の様子をみながらその場で臨機応変なデザイニングをできるようにするとよいだろう。

第3講 学び合うワークショップをどう組み立てるか？

【コンセプト】
日常的な素材を、五感のレベルで感じなおす
可能性を感じる、組み合わせる
遊びとして組み立てる
遊びの意味を考えなおす

【タイムスケジュールと活動案】
 9:00～9:30　スタッフミーティング、役割
 9:30～10:00　会場設営（素材を並べる）撮影準備
10:00　あいさつ、趣旨説明
10:10　似顔絵、名札づくり
10:30　遊びビンゴ
　　　　（昔夢中になって遊んだ遊びを思い出し、お互いに紹介して、同じ遊びがあれば記入していくビンゴゲーム）
　　　　グルーピング
11:00　五感ビンゴ
　　　　（素材を五感で探検して、発見したことをビンゴシートに記入、グループで）
12:00　昼食（味覚探検をする）
12:50　発表（素材について発見したことを発表）
13:15　遊びの素材を選ぶ　遊んでみる
　　　　（素材の可能性を感じて、試行錯誤、実験）
14:00　中間発表
14:20　遊びのデザイン
15:20　発表会
15:30　リフレクション

図Ⅱ-4　ベテランワークショップ実践者のデザイン結果
出典：森（2024：101頁）。

　ワークショップの当日の運営は、一般的にファシリテーションと呼び、それを行う人をファシリテーターと呼ぶことが多い。ファシリテーターはプログラムの開始直後、参加者の緊張をほぐすことに注力する必要がある。参加者のモチベーションや準備状況には差があるのが一般的だ。参加者の特性を把握す

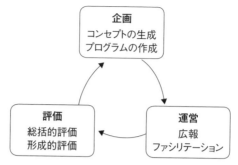

図Ⅱ-5　ワークショップのデザイン過程
出典：山内（2021：36頁）。

るためには、言動を観察し見守ることが欠かせない。そのために簡単なアイスブレイク的な活動を用意することが有効だ。実践が中盤に差し掛かってきても、ファシリテーターは参加者に対してすぐに介入するのではなく、少し待つことを心がけるのがよい。

　最後に、学習を目的としたワークショップに欠かせないのがリフレクションである。当日の思考を十分ふりかえることができるよう、対話や記述する活動を配置して支援しよう。中盤の姿勢や終盤のふりかえりを経て、次回のワークショップを組み立てる際に活かしていこう。

　以上の流れでファシリテーションを行なっていくが、特に初心者にとっては事前のデザインが成否を分ける部分となってくる。ファシリテーションのスキルは現場を重ねていくことで学べるところが多い。丁寧なデザインを行いながら実践経験を積み、ファシリテーション力も向上させていくことが重要だと考えられる。

〔森　玲奈〕

第4講 対話と学びの「環境づくり」をどう進めるか?

学習の目標
・対話と学びの環境づくりの重要性を理解する。
・環境づくりの具体的な方法を理解する。

1. 対話と学びの「環境づくり」とは

さまざまな人が集い、互いの意見を共有して学び合うためには、その環境づくりが重要である。人は、心理的安全性が確保され、安心して自分らしくいられる場所で、力を発揮することができる。一方で、不安が多く緊張度の高い場所では、発言をするどころか参加することさえ難しいだろう。

また、対話とは、お互いの意見や考えを伝えあい、違いも受け止めながら、対等に話し合うことである。対話を通して他者と学ぶことで、一人では思いつかない新しい視点に気づいたり、興味・関心を広げたり、自分自身の考えを見直すこともできるだろう(Ⅱ部1講参照)。

そのような学びや気づきを生む学習の場づくりには、その空間をどうつくるのかという物理的側面と、学習者の安全安心をどう確保するのかという心理的側面がある。また、自由で開かれた学びの場では、個人の主体性が発揮され、学習者同士の相互作用が活発化され、個人だけでなくグループの成長も促進される(津村・星野編, 2013)。本講では、空間のデザインをはじめ、実際に進行(ファシリテーション)をする際の具体的な配慮を中心に説明していく。

2. 対話と学びの空間をどのようにつくるか

人の安全安心には、空間のもつ力が大きく影響する。最近は、ソファを置

いたり、席を固定させず自由に動けるようにしたりなど、工夫されたオフィスも増えている。学習の場の空間も、目的や内容によって変えることができる。

　学校の教室の多くは、前に教壇と教卓、黒板があり、生徒は整然と並んだ机に向かい椅子に座って、一斉に前を向いて話を聞くようにデザインされている（スクール型）。この形は、教師の話を聞いて学ぶ、一斉教授型の授業に適している。一方で、学習者同士が対話を通して学ぶことを目的にする場合は、お互いの顔がみえて、一人ひとりが意見を言いやすい机や椅子の配置（グループ型）が適している。図Ⅱ-6のように長机を二本使って「島」をつくり、前に向かってハの字に並べると、学習者はグループで対面しながら前方もみることができる。グループの人数は、意見が言いやすいように4〜5人程度とするのが適切である。一人ひとりの話す時間を増やしたい場合はグループの人数を減らすとよい。また、壁やホワイトボードに、話し合いに使った模造紙などを貼ると、グループで話されたことが共有できる。

　一方、対話を通した学習の方法自体に不安をもつ学習者もいるだろう。スクール型での学習しか経験したことがないと、グループでの話し合いの意義がわからず、参加しにくいと感じるのは当然である。事前に、なぜ対話を通した学習を行うのかを説明したり、場合によっては、スクール型とグループ型の学

図Ⅱ-6　対話を通して学ぶ場づくりの例
出典：筆者作成。

習を混ぜたりするなどの工夫も必要である。

　空間のデザインとしてできることは机や椅子の配置だけではない。開始前後や休憩時間に、お茶などが自由に飲めるようお茶菓子のコーナーを設けたり、音楽を流したり、部屋に花を飾ったりすると雰囲気を和らげられる。

　さらに忘れてはならないのは、合理的配慮である。合理的配慮とは、障がいのある人びとの人権を保障し、学習や労働、社会生活に平等に参加できるように、各障がい特性や困りごとに合わせて行われる配慮のことで、主催者は、可能な限り学習者の求めに応じる必要がある[1]。障がいの有無だけでなく、年齢、性別、身体的状況、国籍、言語、知識、経験などの違いにかかわらず、すべての人が学びやすい環境をデザインする考え方をユニバーサルデザインという。移動や活動する空間、使用する机や椅子だけでなく、情報提供の方法など、多様な人びとが参加することを前提として、空間のデザインを考えることが重要である。

3. 対話と学びの場における懸念や不安を取り除く

　人が集まる場にはそれぞれ固有の雰囲気があり、人はその場の雰囲気に同調しようとする。それがその人にとって心地よい場合は、その人らしくいられる場になるが、そうではないと無理をして苦しくなったり、学習する意欲が減退したりする。人が学習の場に対して感じる不安や懸念とそれを取り除くための方法についてワークを通じて考える。

【ワーク1】学ぶ際の不安や懸念を出してみよう
① 学習に積極的に参加できなかった経験を思い出して、「講座や授業などであまり知らない人と対話を通して学ぶ際の不安や懸念」について、個人で付箋紙にいくつか書き出す。
② グループで付箋紙を模造紙に順番に貼り共有する。似た内容は近くに置く。グループ化できる部分はグループ化して見出しをつける。

③ それぞれの不安や懸念がどのような背景で生まれるのかについて、話し合い、模造紙に書き足す。
④ 気づいたことを全体で共有する。

　学習に際しての不安の一つに、学習内容や目的、進行の方法に関するものがあるだろう。進行役は最初に、学習の目的や進行に関する情報を明確に提示し、質問などがあればその場で確認する必要がある。
　また、場に影響を与えているのは、多くの場合、そこにいる人であるので、主催者や参加者に対する不安や警戒心をできる限り取り除いていくことが重要である。まずは、その場が安全で自分は受け入れられていると感じられ、そのうえで学習者同士がお互いを知り、信頼関係を築けるようにコミュニケーションを進めていく必要がある。不安や緊張を緩和し安心して参加できるよう、学習者自身で、学習の場の約束ごと（グランド・ルール）をつくり、全体で確認する方法がある。次のワークで実際にルールを考えてみよう。

【ワーク2】グランド・ルールをつくろう
① 【ワーク1】で出された不安や懸念、その背景を確認し、その不安や懸念をなくすために、どのようなルールがあるとよいかを考えて、個人で手元にメモする。
② 考えたものをグループで共有し、1枚の紙に書く。
③ お互いにそのルールの意味を説明し合う。
④ グループで出たルールを全体に共有する。グループが多い場合は、いくつか選んで共有する。
⑤ ルールは、会場のみえやすいところに貼り、時々確認する。

　ルールは学習者自身がつくることで学習者のものになる。この作業を通じて、学習環境は、その場にいる全員が意識し協力してつくっていくことを確認しよう。時間が限られているときは、進行役が提示することもできる。以下に

例をあげる。
- ・話を聴き合おう（相手の伝えようとしていることをしっかりと聴き取る）
- ・話す時間を分かち合おう（一人が話しすぎず限られた時間を大切にする）
- ・否定・判断しないようにしよう（自分とは違う意見でも一旦は受け止める）
- ・立派なことは言わなくて OK（素朴な疑問は大歓迎）
- ・発言のパスも OK（話しても話さなくても OK）
- ・話されたことはこの場にとどめよう（誰かの大切な話だから大切にする）
- ・私を主語にして話そう（一般論ではなく、私を主語にして考える）

　大切なのはその場の全員がルールを共通理解しているかどうかである。進行役から提示する場合も、学習者に各ルールについて話してもらったり、グループで考えて、付け加えたりしてもらってよい。ルールは常にみえるところに貼り、進行役もそのルールを実践することが大切である。ルールを積極的に使うことで、学習者はその場に参加しやすくなる。例えば、発言を促されたが考えがまとまらない時に、「ルールにあるように、パスします」と言いやすかったり、話の長い人に「ルールにあるように、他の人の話す時間を確保しましょう」と促したりすることができる。

　他にも、学びやすい場をつくるために、アイスブレイキングという方法がある。場の氷（アイス）のような雰囲気を壊す・溶かす（ブレイク）ための方法で、学習の導入場面や、緊張感のある場からの転換の場面で効果がある。ストレッチで体をほぐしたり、テーマに関するクイズをしたりなどの方法がある。

　また、学習の場にどのような人が集まっているのかを把握することで、個々の緊張を解くことができる。人は、相手の素性がわからないと自己開示をするのは難しい。お互いを知るために行う自己紹介はとても重要であるが、全員の前で一人ずつ話すような方法は、自分の番が回ってくるまでに緊張をよぶ。そのため、自己紹介の方法自体も、アイスブレイキングとなるように工夫する必要がある。例えば、あらかじめ自己紹介をする項目を提示し、用紙に書いてもらってから小グループで自己紹介をすると、話すことが決まっているため話しやすい。項目は、食べ物や趣味に関することなど、できるだけ話しやす

く、学習者の素顔がわかるものがよいが、あまりプライバシーに踏み込んだ内容にしないよう注意も必要である。また、所属（職業・職場）を当然のように聞くことが多いが、多様な学習者のいる成人教育の場では、所属が定まらない人や無職・休職中の人もいることを前提にしておくべきである。「今活動していることや関わっている団体、所属など」のように広げて提示する配慮も、講座冒頭の自己紹介としては重要である。他にも、声を出して挨拶をし、名前を伝え合うという行為には緊張をほぐす効果がある。会場を歩き回り、近くにいる3人で自己紹介をして、合図があったらまた別の3人で集まる、というアイスブレイキングと自己紹介を兼ねた方法もある[2]。

　進行役が手本として自己開示をすることで、学習者も自分のことを話しやすくなる。自己紹介を書いた用紙は、参加者の許可を取って壁などに貼っておくと、グループメンバー以外の人のことも分かり、休憩時間などに話題にすることができる。

4. 多様性に配慮した環境づくり

　学習の場にはさまざまな人が参加する。一人ひとりの違いを尊重しながら、話し合いや学び合いを進めるには、多様性に配慮した環境をつくる必要がある。多様性を表す概念には、人種や国籍、性別、年齢、障がいの有無など、自分の意思や努力では変えられない要素がある。そして、人間の個性はさまざまな要素の集合体であるが、その構成要素の一つだけを強調されると、偏見や差別を感じる（森田，2000）。例えば、外国籍であるAさんが、他の個性があるにもかかわらず、外国籍ということだけで判断、評価されることは、一人の人間としてみられていないことになる。ここでは多様性を配慮した環境づくりについて考える。

（1）　人権を核にして、違いを学ぶ

　多様性に配慮するためには、一人ひとりが尊く平等であるという人権の概念を核にして、学習者が、障がいの有無、人種や国籍、出身地や年齢などの違

いだけで判断されたり、優劣をつけられたりしないように、細心の注意が必要である。進行役は、事前に学習者の属性、参加理由などを把握して準備するとよい。学習の場では、いかなる疑問や質問も歓迎しながら、少数の意見も積極的に取り上げる。そのことで、多様な意見や考え方による多角的な意見の出し合いが、学習を豊かにすることを学習者に理解してもらう。人によって、表現方法や感情の出し方などのコミュニケーション方法が異なるが、その違いや背景を受け止め、気持ちや意見を交換できるように、学習者の対話を支援することが必要である。

　学習の場で、意図せずとも差別的な発言や、誰かを傷つける行為が起こることもある。その場合はやり過ごさず、その場に介入したり、「その発言には同意できない」ことを明確に示し、この場では個人の尊厳を傷つけたり、人権が脅かされるようなことは絶対に許されない、という姿勢を示すことが大切である。また、そのような発言の裏には、偏見や固定観念、知識不足といった背景があることも、学習者と考えられるとよい。

（2）バイアスを自覚し、批判的に見直す

　偏見に基づく差別は許されない一方で、誰もが、自身の経験や知識に基づき日々の判断や選択、発言や行動をしているため、そこに多くの先入観や偏見（バイアス）が含まれている。よって、学習者も進行役自身も、無自覚なバイアスをもっていることを自覚し、問題があれば、学習者にも指摘してもらうように伝える。ここでは例として、ジェンダーバイアスについて具体的に考えてみる。

　ジェンダー規範（女／男はこうだという考え方）は無自覚なままに私たちの意識の深層に刷り込まれている。よって、学習の場でも進行役を含めて、バイアスに基づいた言動は容易に現れやすい。あからさまな差別発言が意図せずに発せられることもあれば、あからさまではないものの言葉の裏にジェンダーバイアスを押しつける攻撃的メッセージをもつ発言（マイクロアグレッション）がされることもある。他にも、グループ内での作業役割（記録係は女性、発表者は男性など）、発言・発話量の性差による偏り、場合によっては、進行役や

講師の性別や年齢により参加者の態度が変わることもある。ジェンダーバイアスに基づく言動を意識的に自覚し、批判的にとらえて考えるきっかけにできるとよい。

　バイアスは、国籍やルーツ、学歴、障害、年齢、地位などさまざまにある。学習プロセスにおいてこうしたバイアスを自覚し、なぜ、そのようなバイアスをもっているのか、なぜ、今まで気づかずにいられたのか、などを批判的に見直すことは、学習者に気づきをもたらし、学習の場づくりを考えることにもなる。

（3）豊かな学びの場を共につくる

　進行役にはあらゆる配慮が求められるために、一人ですべての参加者の様子を把握するのは難しい。よって、運営側でグループ担当を分けるなど複数の人で協力する体勢をつくっておくとよい。さらに、学習の場づくりには、学習者の協力が不可欠であることも共有するとよいだろう。人権や多様性への配慮を学習の場のルールとして提示しながら、実際はどうだったか、どうしたらもっと参加しやすくなるか、他に必要な配慮やルールはあるか、など、学習者自身に考えてもらい、学習者と共に学びの場を変えていけることが望ましい。

　多様性が尊重された場においては、一人ひとりの力が引き出され、学習者同士の相互作用も進み、グループの話し合いも活性化する。豊かな学びの場は、学習者自身が、主体的・創造的につくることができるのである。

〔中村　絵乃〕

注
1) 障害を理由とする差別解消の推進を目的として2013（平成25）年6月に制定された障害者差別解消法は、2021（令和3）年に改正され、事業者による障害者への「合理的配慮の提供」が義務化された。改正法は2024（令和6）年4月1日に施行された。
2) 認定NPO法人開発教育協会ではアイスブレイキングなどにも活用できる参加型学習の方法をWebサイトで紹介している。URL：https://www.dear.or.jp/activity/465/

第5講 オンラインでの学び合いの「環境づくり」をどう進めるか？

学習の目標
・オンラインと対面のコミュニケーションの違いを考える。
・オンラインでの学習を企画運営する際に気をつける点を考える。

1. メディアコミュニケーションの特質について

　コミュニケーションを媒介する手段にはさまざまなものがある。まず対面、そして音声（電話など）、映像・画像、コンピューターなどを用いたインターネット通信などである。特に新型コロナウイルス感染症の拡大によって広がったのが、いわゆるオンラインと呼ばれる Zoom、Skype、Google Meet などの Web 会議システムを手段としたオンラインコミュニケーションである。

　対面コミュニケーションに対して、多様なメディアを媒体とするコミュニケーションをメディアコミュニケーションと呼ぶ。メディアコミュニケーションはマスメディアコミュニケーション（マスコミ）と対人コミュニケーションに大別される。メディアコミュニケーションへの依存度は、1970 年に携帯電話が登場して以来徐々に高まってきた。いつでもどこでも簡単につながれるということは、私たちのコミュニケーションの総量がどんどん増大していることを意味している。

　地域での学習活動でも、オンラインコミュニケーションはコロナ対応としての一時的な手段にとどまらず、対面を中心にしつつも活用すべき重要な選択肢となった。対面とオンラインの違いを明らかにすることは、よりよい学習環境づくりのヒントとなるだろう。そこでまず、対面場面と非対面場面のコミュニケーションの特質を比較してみたい（大坊, 1992；三宮, 1992）（表Ⅱ-3）。

表Ⅱ-3 対面場面と非対面場面の特質の比較

	対面場面	非対面場面
視覚情報・聴覚情報	視覚情報・聴覚情報が多い（非言語コミュニケーション手段がある）	視覚情報・聴覚情報が弱く、身体動作や音声手段に制約がある（非言語コミュニケーション手段が少ない）
発言行為の交代（ターンテイキング）	発言行為の交代（ターンテイキング）のための信号が明瞭に認知される	発言行為自体に慎重になる
沈黙	沈黙は会話における交代を意味したり、相手の発言を促すなど沈黙の意味が双方により認知される	沈黙は、音声的手がかりの欠如をあらわす
緊張度	緊張度が低い	緊張度が高く、相互作用が断片的になりやすい

出典：大坊（1992）、三宮（1992）をもとに筆者作成。

　表情や身振り手振りなどの非言語コミュニケーションは、コミュニケーションの約9割を占めていると言われる。非対面の場合には、言葉以外に発せられるメッセージを意識的・無意識的にキャッチする感情的な機能が働きにくい。そのため、発話行為に重きが置かれ、お互いの間にある話題・テーマへの関心に集中し、相手の言葉の意図を把握しようとする傾向が強くなる。結果として言語情報からできるだけ多くの情報を得ようと緊張度が高まり、相手の様子をうかがう慎重な態度から相互作用が対面ほどは円滑に進まない。人間関係の構築面においても、非対面では雑談などのコミュニケーション手段が乏しいことのマイナス面が目立つ。

　一般的に対面がもっともよいコミュニケーション手段であると考える人が多く、相手の表情がみえてこそ、もっともよくわかり合える、と思いがちであるが、改めて吟味してみると注意を払うべき点がみえてくる。例えば、対面会議では、相互の親密度が発言のしやすさに大きく影響したりする。また、オンラインでは難しい雑談やアドリブのやりとりは、裏を返せば発言内容の構

成・吟味が十分にできておらず、テーマから逸脱したり、話の流れや場の雰囲気に判断が左右されたりしやすくなる傾向がある。パワーバランスという点からも、対面の場合、年長者や声の大きい人、社会的地位の高い人が主導権を握り、公平さを欠いてしまいやすいという側面がある。

2. オンラインのメリット・デメリット

メディアコミュニケーションについて理解を深めたところで、講座やセミナーでオンラインを使うメリット、デメリットについて考えてみたい。本講の読者も、オンラインを経験したことが一度ならずあるかもしれない。その時のことを思い出してみよう。

【ワーク1】オンラインの講座やセミナー、授業などに参加してどのような気持ちになったか、対面での学びとの違いなどを考えてみよう
　以下の4項目についてふりかえり、各自でメモ書きをしてみよう。その後、3〜4人のグループで共有しよう。①どのようなオンラインの経験があるか？　②オンラインの講座やセミナー、授業がはじまったばかりの頃、参加してどのような気持ちだったか？　③オンラインで困ったことはあったか？　④対面とオンラインを比べてどのような違いがあると感じるか？

　一般的なオンラインのメリット、デメリットを表Ⅱ-4にまとめた（横井・佐藤，2019；浜田ほか，2022；澤崎・野木，2023）。
　オンラインの最大のメリットは、誰でもどこからでも参加できる点であろう。諸事情から外出が難しい人もオンラインなら参加できるという点で、学習の機会保障の面からの意義も大きい。オンラインが普及したおかげで学びへの参加の機会が増えた人も多いのではないだろうか。
　非言語コミュニケーションの難しさはデメリットが大きいが、講座やセミ

表Ⅱ-4　オンラインのメリット・デメリット

メリット	デメリット
・物理的・時間的制約から解放され、日本全国、世界どこからでも参加できる ・録画すればオンデマンドでいつでもどこでも何度でも視聴できる ・移動時間が必要ないので忙しくても参加しやすい ・移動がないので交通費がかからず節約になる ・バーチャルなフィールドワークや、対面では会うことの難しい講師の話を聞いたりできる ・話し合いのテーマや課題に集中して意見交換をすることができる ・画面上のみのコミュニケーションなので、すぐに対人関係を構築するのが苦手な人でも参加しやすい場合がある ・さまざまな理由から外出が難しい人も参加が確保される	・適切な通信環境の確保が必要であり、コストもかかる（確保できない人は参加できない） ・通信環境や端末のトラブル対応が必要となる ・音声伝達のズレが生じて会話のテンポが悪くなる ・バーチャルな体験は可能だが、実際の体験はできないため、リアリティの確保が難しい ・非言語コミュニケーションが難しい ・表情などを確認しにくいためお互いの反応を確認しにくい ・集中力を保つために休憩やディスカッションを入れるなど工夫が必要である ・小グループ活動時のグループ数が多いとその分ファシリテーターの人数が必要となる ・目や肩の疲れが慢性的に起こりやすい

出典：横井・佐藤（2019）、浜田ほか（2022）、澤崎・野木（2023）をもとに筆者作成。

ナーなどの目的や事前事後の工夫によって補える点も多い。オンラインの良さとして、①対人関係に苦手意識をもっている人はオンラインの方が緊張しない、②雑談やささいなコミュニケーションは生まれにくいが、テーマや課題の議論に特化したグループワークはオンラインの方が集中力が生まれやすい、③対面よりも参加者の発話量が均等になる傾向がある、などがあげられる。

　オンラインのデメリットについても、受講生同士の交流の機会を増やしたり、チャット機能で絵文字を使ったりするなどの工夫や、ツールを使って参加

者の多様な意見を理解・整理し、重要なポイントを引き出しつつ議論を広げ、合意形成をサポートするなど工夫の余地は大いにある。

3. オンライン講座の準備における検討事項と実施上の工夫

　メディアコミュニケーションの特質やオンラインのメリット・デメリットをふまえつつ、オンライン・ファシリテーションでの具体的な配慮や工夫、活用できるツールについて考えていきたい。なお、本節はいくつかのワークショップ型オンライン講座の実例[1]をもとに、各講座の準備会の議事録を手がかりにまとめている。

　社会教育の講座を通じて、受講生には実践しながら学ぶ力、説明する力、ふりかえる力、対応力、学び続ける力などを身につけることや、受講生同士の学び合いとつながりづくりなどが求められる。以下、オンライン講座実施に際して工夫すべき点を、第一に運営の体制づくり、第二に受講生同士のつながり、第三にファシリテーターによる工夫からそれぞれみてみたい。

　第一の運営の体制づくりは、少人数でのグループワークに関連する。1グループの人数は、対面の場合には5～6名で行う場合が多いが、オンラインでは言語に頼る部分が多いため、一人あたりの発話量が確保されるように1グループ3～4名とするのが適切である。グループ内でファシリテーター的役割を担う人が自然発生的には生まれにくいため、各グループに運営側からファシリテーターを配置することが重要である。

　次に第二の受講生同士のつながりをつくる工夫の例をあげる。
・事前に自己紹介を書いてもらい、内容を受講生専用のウェブサイトなどで開始前から閲覧できるようにする。
・講座終了後にオンラインのルームをそのまま開放し、希望者が残って受講生同士の交流や運営関係者への質問ができるようにする。
・連続講座プログラムの途中にオンラインでの懇親会プログラムを別途企画する。アイスブレイクのアクティビティやゲームなどを交えて個人的な話もできる場とする。

計画段階でこうした工夫を想定しておくことで、オンラインのデメリットを補うことが可能となる。

　第三にファシリテーターの工夫としては、何においても言語化をすることである。入室・退室時のあいさつを一人ひとりにしっかり行い、参加者にはできるだけ名前で呼びかける。また、グループワークにファシリテーターとして入る際にも、自分の立場を明確に説明する。司会や記録係として入る場合、話し合いは基本参加者に任せるが何かあったらサポートするという一歩ひいた役割をとるなど、対面では臨機応変に対応できることも、オンラインでは自ら担う役割を明確に言葉で伝える必要がある。Zoomなどでは、画面をオフにしてグループを巡回することもできるが、事例では受講生から巡回者が画面オフで現れると「試されているような気がして場が打ち解けなかった」「途中でファシリテーターがさっと消えてしまうと残された受講生は居心地が悪かった」という意見もあったため、巡回の了承を事前に得ておくのも重要である。

　Web会議システムは主催団体の情報システムの種類によって選択する場合が多いが、一般的にZoomの使用が多いと考えられるため、ここではZoom以外のツールを紹介する（表Ⅱ-5）。

　講座に先だって、Zoomなどの操作に慣れていない受講生や通信環境の確認のため、別日でテストができる機会を設けることも学習保障として重要である。受講生に情報リテラシーやスキルの差がある場合、講座の一環として丁寧な説明や練習をしたあとに本番に臨めるような工夫が必要である。

　そして、事後の運営者のふりかえりでは、対面であれば場全体を一望し状況把握が可能だがオンラインではできないため、個々の受講生やグループワークの様子、ツール使用上のトラブルの確認や情報共有を行うことで、改善につなげられる。

　最後に運営体制について補足する。関係形成を補う意味で、受講生へのメールでのやりとりや事前準備、事後の欠席者へのフォローなど、講座の運営者の作業量が増え、負担が大きくなる可能性がある。運営者、講師、ボランティアなどを含めた体制づくりは重要な検討課題である。

表Ⅱ-5　Zoom以外のさまざまなツールの例

名称	機能
Googleサイト	事前資料配布や宿題の提示・提出などに使用できる。
Googleフォーム	ワークの途中での受講者のメモ記入、送信して全体で共有し後に残す、などいくつもの活用ができる。講座終了時のふりかえりやアンケートにも使える。
Googleドキュメント	ファシリテーターが記録係としてグループに入る場合など、参加者の邪魔にならずに記録をとれる。
Google Classroom	情報提供やファイルの送信ができ、履歴を残すことができる。参加者からのコメントバックもできる。
Jamboard	付箋紙やペンなどの機能があるため模造紙を使う感覚で意見交換などの記録として残すことができる。
Padlet	オンライン掲示板。テキスト画像や動画などを投稿してみんなで閲覧したりコメントしたりできる。

出典：筆者作成。

4. オンライン・対面の両方を活用した学び合いの環境づくりの課題

　最後に改めてオンラインと対面を併用する際の課題を整理しておきたい。
　オンラインと対面を比較すると、学習のプロセスを進めるうえで「対人関係」に関わる部分、特に受講生の意見表出に影響の大きい非言語コミュニケーションの有無がもっとも重要な違いであろう。オンラインでは、ファシリテーターは相手をよく観察する、言語化するなどの意識的な支援によって学習者の学びの様子をみていく必要がある。受講生相互の学び合いの部分は対面で行い、定型に近い学習、例えば事前に課題を出してそれを共有する場合はオンラインにするなど具体的な選択をしていくことができる。
　オンラインの学び合いの環境づくりの経験を経て対面の開催をする際には、改めてその違いに気づくことがあるだろう。オンラインでは非言語コミュニケーションが非常に限られているがゆえに、画面の相手をじっくり観察することや、言語化するという方法をある程度意識的に行う。対面では意識が向け

られにくいところである。また、オンラインではほとんどの情報がデータとしてやりとりできるが、対面では紙の使用が多い。資源節約の観点からは、ワークショップで使用する模造紙や付箋紙などの使い方も気になるだろう。

　オンラインと対面を、学習の目的やその時々の状況によって選択的に活用していくことが求められる。特にオンラインの活用では、対面のときにあまり意識されてこなかったメリット、デメリットに対して具体的な工夫を行なっていくことが私たちの学習の質や環境づくりにとって大切である。

【ワーク2】対面とオンラインのそれぞれの特質を考え、両方の特徴を活用した学び合いの場づくりの可能性について検討しよう

　以下の4項目についてふりかえり、各自でメモ書きをしてみよう。その後、3～4人のグループで共有しよう。①学習や会議の場面でオンラインを使うのはどんなときか？ ②対象により対面とオンラインを使い分けているか？ それはどのような理由からか？ ③オンラインに慣れてしまい、対面で戸惑ったことや不自由に感じたことはあるか？ また、その逆はあるか？ ④対面とオンラインを併用する場合に配慮すべき点は何か？

〔上條　直美〕

注
1) 認定NPO法人開発教育協会主催の開発教育ファシリテーション講座やDEARカレッジなどの、オンラインで実施された講座の実践事例に基づいている。

第6講　ふりかえりはなぜ大切なのか？

学習の目標
・学習者および学習支援者双方にとってのふりかえりの意義を理解する。
・経験・行為・実践をふりかえる方法を知る。

1. 学習とふりかえりの関係

　講座・プログラムの終了時や大学の授業の後などに、ふりかえりシートの記入を求められることがある。シートには「…が知れてためになりました」「…が良かったです」と、簡潔に書いているかもしれない。しかし、ふりかえりシートとは、相手の提供する内容を評価するアンケートではなく、自分の学習活動の一環であることを忘れてはならない。学習の成果を自らふりかえりつつ言語化する作業なのである。

　ふりかえりは、経験や感情を自らの言葉で整理し、自らの行為を意味づけ、とらえ直すことである。経験とは、例えばボランティア活動や市民活動への参加や事業運営であったり、フィールドワークやスタディツアーへの参加であったり、授業や講座といった特別な経験である場合もあれば、日常的な生活体験である場合もある。経験の記録や語りを通した言語化は、表現する力や語彙力を培っていく。また、他者からの質問などを通し、相互的な経験の吟味から新たな発見やとらえ直しができる。そして無意識に素通りしていた経験や感情に明確な価値や意味づけを見いだすこともできる。例えば、「どうだったか？」と問われても、「良かった」「ためになった」としか言いようのなかったものが、ふりかえりを通じて事実関係を整理して語れるようになることで、自分の経験の成果を実感でき、エンパワーが促される。

2. リフレクション／省察について

　教育学には、Reflection（リフレクション）という言葉があり、省察（せいさつ）やふりかえりという訳語があてられる（ショーン，2017：はじめに訳註5）。これは、ショーン（D. Schön）やアージリス（C. Argyris）によって広められた概念である。大人は、行為のただ中で、経験に基づいた実践知や暗黙知によって、状況を変化させる思考を進めながら行動している。その思考を「行為の中の省察」というが、それを意識していることは少ない。よって、行為のなかにある直感的な省察を言語化（発話や記録）し、そこから新たに自らの学習課題を設定していく学びの重要性が示されている。

　教育現場では、あらかじめ学習課題やテーマが設定、提示され、その課題解決を考えることが教育内容とされる傾向にある。「気候変動問題の深刻な状況にどうしたらよいか」「差別をなくすためにはどうしたらよいか」といった課題に対する解決法を考えることが求められる。ショーンは、こうした学習課題の解決を重視する教育の考え方に批判を試みた。なぜならその場合、学習課題とは教育者（または講座の企画者やグループのリーダーなど）によって事前に決定されて明示され、学習者は、解決すべき学習課題とは何かを考えるよりも、学習課題をいかに解決できるのかという方法を考えるのに傾倒するからである。

　例えば、気候変動問題の講座があったとして、その現状を知ってどう取り組むかを考える内容だったとする。もちろん事実が伝えられてその対応を考えることは大事だが、「気候変動により生じる他の問題は何か」「気候変動の原因として他にどのようなことがあるか」「私にとってどう問題なのか」という課題に対する自らの思考や経験が置き去りにされて「対応を考える」に至るだけでは、自立的な学習は構成されない。成人は外から与えられるテーマを知識として学ぶのではなく、自らの生活経験や行動に埋め込まれている（無意識に受け入れ、パターン化したり行動化したりしている）テーマを学習の起点とする。よって、私たちの実践の場で適切な判断をしていく知（実践知）や直観的

な知（暗黙知）による行為を言語化し、自ら検討することは、自立的に学習課題を認識、設定していく学習を支える。

　フレイレ（P. Freire）の理論（Ⅰ部１講参照）では、世界や社会は、私たちと「別のところ」に知識として存在するのではなく、私たちはその一員、そして一部であり、私たちの経験のなかに世界や社会のあり方が存在しているとされる。世界や社会を自ら認識するふりかえりを通して、他者の言葉ではなく自分の言葉として課題を設定していくことができる。学習実践を通じて学んだ内容を自らの言葉で整理し、自らの行為を意味づけ、とらえ直し、自らの固定観念や行動や感情のパターンなどを理解し、自己表現の力（語彙力）を高める。学習者の経験にはじまり、エンパワメントと自己変容を目標とする成人教育の理論において、ふりかえりは非常に重要な教育内容であり方法なのである。

3．学習支援者のふりかえり

　ふりかえりは、生涯学習の講座やイベントなどに参加する学習者にとってのみならず、生涯学習の場を構成したり運営したりする学習支援者にとっても、学習実践を独りよがりにせず改善していくために重要である。ショーンの「行為の中の省察」研究は、専門職の力量形成に及ぶ。「前例がなく、不確定で、葛藤を孕んだ状況において発揮される実践者の能力」が「専門職の芸術的なわざ」とされる（ショーン，2017：34頁）が、人との間に起こる予測をしきれない不確実で葛藤の生じるあらゆる場面において有効に働く実践者の養成が試みられている。例えば、教師・指導職、看護職、福祉職などの人を相手にする対人支援職も同様である。日々の職業的応対にその「わざ」は反映されているが、それらの「わざ」は、医療行為やエンジニアリング技術などとは異なり、専門性の内容がわかりにくい。ショーンは、このわかりにくい専門性に対する実践の省察に着目した。

　生涯学習の支援者をはじめとする教育者の力量形成においても、「行為の中の省察」を他者と共有しながら確認していく作業を通じてその専門性を認識することができる。実際に、省察に基づく対人支援や活動実践の報告を対話型

(ラウンドテーブル型)で実施する実践研究会も実施されている[1]。

4. ふりかえりの具体的な方法

(1) 事後の記述で個人的にふりかえる方法

　学習者のふりかえりの方法としてもっとも一般的なのは、講座やプログラムが終了した後によく求められる「感想シート」の記入である。記入する学習者側は、「感想シート」の機会を自ら学習に位置づけられるよう、「面白かった」「ためになった」という以上に、何がどのようになぜ面白く、ためになったのか、さらには何を得たのか、感じたのか、疑問を抱いたのかを他者に伝わるように表現を尽くすことが重要である。ふりかえりの記述を通して語彙が増え、思考力や分析力、表現力が高まり、自身の成長を支えることになるだろう。自己をふりかえり、経験を詳細に表現して伝える力量の形成は、社会で生きていくうえで大切となる。

　そのためにも、学習支援者には、「感想をお聞かせください」のみならず、「一番グッときたこと・考えさせられたこと」「もっと知りたいと思うこと」「新たな発見」など、具体的理由を合わせて問うような、設問の工夫や記入欄の確保が求められる。

　さらに学習者の事後の記述は、学習支援者のふりかえりに活用することもできる。記述に目を通すだけでもよいが、それぞれの内容をいくつかに分類して整理をしたり、個人ポートフォリオにまとめなおしたり、自分の計画した学習プログラムに学習者の声を上書きしていったりなどすることで、プログラム内容の妥当性や、自らが学習支援する際の声かけや振る舞いの妥当性をふりかえることができる。

(2) ふりかえりをプログラムに組み込む方法

　プログラムの最中にふりかえりの内容を組み込み、それをさらなる学習素材とすることもできる。例えば、「感想シート」をより発展させた作文を書いて読み合う方法や、ふりかえりのワークショップを実施する方法もある。前者

の方法は、社会教育において東京都国立市の公民館での女性教育実践のなかで取り組まれてきた（国立市公民館保育室運営会議編，1985など）。これは、ふりかえりを作文にする時間をとり、それらをとりまとめた文を互いに読み合うことで学習素材とし、意見交換をするなどして、学び合いを成立させる方法である。

　後者のワークショップの方法はさまざまであるが、具体的な方法を一つ紹介する（開発教育協会編，2014）。

【方法】ワークショップ形式でのふりかえり
① 3～4人のグループで、模造紙半分の用紙の真ん中に色マジックで線を引き、左端をプログラムの開始、右端を終了という時間軸にする。模造紙上部にプログラム内容を「アイスブレイク」「ワーク1」「講演」「ディスカッション」などのように書く（図Ⅱ-7参照）。
② 2色の付箋紙を準備し、プログラム内容に対し、「印象に残った場面・こと」「感じたこと・気づいたこと」を色別に付箋に1枚につき1項目書き出していく。時間の制限があるので一人5枚、などにしてもよい。模造紙上部には「印象に残った場面・こと」を貼っていき、下部には、「感じたこと・気づいたこと」を貼っていく。
③ 付箋の内容を模造紙の時系列に沿って貼り出していきながら各人が説明し、各内容に対する学びを発表し、聴き合う。
④ 全体で各グループのふりかえりのいくつかのポイントを発表してもらう。

「スマートフォンから考える」WS

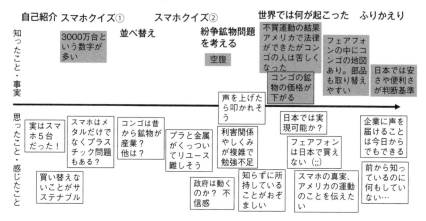

図Ⅱ-7 ワークショップにおけるふりかえりの実際の例
（注）開発教育協会「教材体験FESTA」（2020年度）のワークショップふりかえりプログラムで作成されたもの。

　以上の方法を通じて、実践者もそれぞれの学習者が何をどのように学び、ふりかえっているかを把握し、自分の実践を評価することができる。また、上記の方法は、実践者自身が一人でふりかえる際にも活用できる。

（3）ふりかえる対象―テーマとプロセス

　ふりかえりでは、講座のテーマとなる内容に関して、感じたこと、考えたこと、学んだこと、疑問に思ったこと、などのみならず、話し合いやグループワークの様子、人間関係を含めた学習プロセスも対象となりうる。学習プロセスでの、自らの参加の度合いや様子（参加のしやすさやハードルを含む）、他者の様子、グループワーク全体で評価できる点と問題に感じた点などをふりかえることができる。

　個人の思考や行動様式は集団から影響を受け、集団は個人の思考や行動様式から影響を受ける、という集団と個人の相互作用を「グループダイナミクス」という。プロセスに対するふりかえりから、自らや他者のコミュニケーションの取り方（話し方、聴き方）やグループのあり方を把握し直し、グループダイ

ナミクスを新たに創り出す力を培うことができる。そうしたプロセスに対する認識力の形成は、指導者や支援者に依存せず、自分たち自身で互いに学び合える、自立的な学習集団や学習コミュニティづくりと活動を可能にする。

【ワーク】「感想シート」の項目を考えてみよう
　生涯学習・社会教育プログラムの担当になったことを想定して、学習者の「感想シート」にあらかじめ書いておく質問・問いの項目を三つ考えてみよう。何の内容に関する学習プログラムかも自分で設定して構わない。

〔近藤　牧子〕

注
1)　明治大学や福井大学などで実施されている「実践研究ラウンドテーブル」がある。

第7講　学習の評価をどう行うか？

学習の目標
・教育プログラムにおける評価の意義を理解する。
・社会教育・生涯学習の評価の目的を理解する。

1. 教育プログラムにおける評価の重要性

　プログラム評価における学術的な定義として、シカゴ大学の哲学者スクリヴェン（Scriven, 1991: p.1）は評価を「物事の価値を判断するプロセス、またはそのプロセスの結果生じる生産物である」と定義している。評価とは英語では"Evaluation"であり、語のなかに「価値」を意味する"Value"が含まれ、「価値」の問題抜きに評価について語れない（安田, 2011）。スクリヴェン（Scriven, 1991）は価値（Value）の3種類として、本質（Merit）、値打ち（Worth）、意義（Significance）をあげている。価値は、誰にとって、という視点によっても異なってくる。また、時代とともに変化していく。生涯学習において、教育プログラムに対する多角的な視座に立ち、短期・中長期的なビジョンをもった評価が必要となる。

　表Ⅱ-6は、生涯学習プログラムを含む、一般的な教育評価においてどのような型があるかをまとめたものである。

　①は「実態把握」的な性格をもつものである。これは、評価のために収集した情報の細かさ・粗さ、目標に達しているかの吟味、あるいは対象自体のもつ価値について必ずしもこだわらない。実践者が「評価」といった場合、「実態把握」的な性格をもつものが多いと考えられる。

　②の「測定」的な性格をもつものの基盤にあるのは、何かの指標をもって全体のなかで個人を相対的に位置づける考え方である。学校教育にはこの価値観

表Ⅱ-6　教育評価のもつ基本的性格の型

教育評価のもつ基本的性格の型	
① 「実態把握」的な性格	問題となる領域あるいは側面に関してできるだけ多くの情報を集めようというもの。
② 「測定」的な性格	学習者の諸特性を何らかの次元上において数値的に表示しようとするもの。個々の学習者を各特性次元上に位置づけようというもの。
③ 「目標到達性の把握」という性格	特定の教育目標あるいは教授・学習目標群を、それぞれの学習者がどのように達成しているか表示しようというもの。
④ 「査定」的な性格	学習者の現状について、何らかの基準に基づき、その価値を妥当な形で値踏み、あるいは表示しようとするもの。

出典：梶田（2010）から筆者作成。

が合うことが多い。しかし、生涯学習プログラムの評価においてはこの性格は当てはまらないものもある。

　③は「目標到達性の把握」という性格をもつものである。これは生涯学習プログラムに対してであれば、運営者が明示した学習目標に対応し、導入することができる。この考え方を取り入れることで、現場に立ち会わなかった人に対する証として、説明責任を果たすことも容易となる。また、参加者自身にとっては満足度の向上につながることが期待できる。

　④の「査定」的な性格の評価とは、生涯学習プログラムの場合、実践を実施できるようにするための環境整備に必要な評価である。生涯学習プログラムは参加者と実践者だけで構成されているのではなく、それを可能にしている国やNPOや企業、それぞれの思惑があってプログラムが形づくられている場合が多い。運営者は継続的な実践を重ねるために、社会的説明責任を負うことがあ

る。その際、④も必要になる場合がある。

　各種の評価が同じように「評価」という言葉で呼ばれているにしても、その具体的内容は、実態把握的な性格の強いものから査定的な性格のものまでさまざまである（森，2021）。生涯学習における教育評価についても、「評価」のもつ基本的な性格を整理して考えることによって、議論のすれ違いを防ぐことができるだろう。

2. 生涯学習プログラムの評価方法

　それでは、生涯学習におけるプログラムはどのように評価可能なのだろうか。ここでは、ワークショップの評価を事例として取り上げ、検討したい。

【事例】気象庁「大雨防災ワークショップ」に関する評価
　自然災害のなかでも大雨による災害に対し、日頃から、住居や普段よく立ち寄る場所にどのような危険が潜んでいるか、また避難する場所、避難ルートなどを確認しておくことが大切である。そのため、気象庁大雨防災ワークショップ「経験したことのない大雨　その時どうする？」は、地元気象台などから発表される防災気象情報に基づく避難行動を疑似体験する形で設計された。
　このワークショップを全国展開する前に、2013（平成25）年10月から実践を開始し、全国にある管区気象台6か所を拠点とし、その所在する6地区の中高生総数180人に参加してもらい実践を行なったのだが、事前・事後に質問紙調査を行い、また実践中の学習過程を観察した。参加者に対し、事前・事後の質問紙の回答と実践中に作成されたワークシートなどから学習評価を行い、全国各地で安定した学習効果があることが示された（森ほか，2016）。形成的評価期間を終えた段階で、Webサイトにプログラムが掲載され[1]、全国のさまざまなステイクホルダー（利害関係者）によって運営がされるようになった。

> その後、気象庁ではこのワークショップが繰り返し開催されており、その参加者に対するアンケートもそのつど行われている。さらに、災害対策基本法の改正による内容の改変や、コロナ禍にはオンラインに対応した体制への変更など、企画・運営の見直しが繰り返されてきた。

　まず、この事例は、質問紙や記入されたワークシートなどの記述結果をもとにした評価である。そのなかで二つの評価方法が用いられている。一つめが形成的評価である。これは、プログラム実施後まもない、あるいは、途上の企画に対して企画・運営・評価のサイクルを通じて検討されるものであり、プログラムの安定化およびプログラムの改善・発展につなげようという目的をもつ評価法である（森，2021）。今回の場合は学習目標が達成できたかどうかを測る項目（「気象庁が発表する特別警報についてよく知っている」「大雨から身を守るための知識をもっている」など）を事前・事後の質問紙に用いている。
　もう一つが総括的評価である。「この研修に満足できたか」などを事後質問紙にすることや、現場の観察などでプログラムの終了後に目標がどの程度達成されたかを総括的に判定し評価するものであり、アウトカム評価とも呼ばれる（森，2021）。
　生涯学習プログラムの評価は1回で終えるのではなく長期ビジョンをもって複合的な視座に立って行われることによって、さらに効果的かつ頑健なものとなる。

3．生涯学習プログラムの評価における留意点

　前節では総括的評価および形成的評価を行ううえで、具体的にどのような方法があるかについて事例を通じて説明した。本節では、生涯学習プログラムに対して総括的評価を行ううえで、必要な視座について述べたい。生涯学習プログラムは、学校教育とは異なり、測定的な性格の評価で参加者を相対化しない。その代わり、事例にあげたような中長期的なプログラム評価が必要になる場合や、創造的な活動に対する価値づけを検討する場合がある。

ここでは「予期されていなかった学習」という考え方を紹介する。生涯学習の場では、運営者があらかじめ考えていた明示的・非明示的な学習目的[2]の他に、目的として意識していない「予期されていなかった学習」が起こる。

例えば、高齢者と大学生が哲学対話を行うこと（明示的な目標）で交流や理解を深めること（非明示的な目標）を目的としたワークショップを実施したとする。そのなかで、開催場所の外からその実践を眺めていた通行人が、手持ちの楽器と共になかに入ってきて終了後に演奏をし、さらなる交流が生まれた（予期されていなかった学習）としよう。ワークショップの運営者がそれをどう評価に組み入れるかを示したのが図Ⅱ-8である。

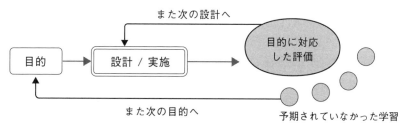

図Ⅱ-8　ワークショップデザインと学習評価
出典：森（2021：174頁）。

明示的・非明示的な学習目的に対しては、次回の設計に活かすべく事前事後の評価や、運営者による観察によって、事業の達成度や改善点を洗い出していくPDCA（Plan-Do-Check-Action）サイクルを回していくことが大切である。一方で、予期されていなかった学習に対しては、次回以降の企画の目的に反映できるよう検討することが期待される。先の事例においては、偶然通りすがった演奏者の参入が、既存の参加者の（さらなる）交流や会話の促進などにつながったことから、次回以降は演奏者を招待し企画のなかに事前に入れ込むという形でプログラムの修正が行われた。

生涯学習の現場には、評価という言葉に苦手意識をもつ運営者も少なくない。しかし、多角的な評価は学習者にとってよいプログラムをつくっていくうえで重要である。さらに、評価を行うことは、活動自体の意義を社会に示すこ

とや、運営者の成長につながるものでもある。手っ取り早い評価方法は存在しない。評価に対して知識を身につけ、活動とともに継続して行うことが唯一の近道である。

4. 生涯学習・社会教育の評価の特性

以上のように、教育評価のもつ基本的性格や、形成的評価、総括的評価などをふまえたうえで、生涯学習・社会教育の評価の特性を確認する。多様な学習者による主体的な学習活動は、その学習・教育目的もまた多様であり、一斉試験と採点のような評価はなじまない。しかし、教育活動の質を担保するにあたって、評価自体は不可欠ではある。

生涯学習・社会教育の評価対象には大きく事業の評価と学習の評価がある。公的社会教育の事業評価の場合、行政の数値指標に基づく費用対効果や目標達成など、比較的説明が容易な評価が求められる。先にも述べたPDCAサイクルに基づく評価過程の採用は多くみられるが、インパクト評価という、事業が地域社会にもたらす社会・経済的な変化を定量的・定性的に測る方法などもある。いずれにしても、評価を主観的に行うのではなく、事業が実施される施設の運営審議会[3]など、第三者機関の有効活用が求められる。

生涯学習政策としても、2008（平成20）年の中央教育審議会答申「新しい時代を切り開く生涯学習の振興方策について」において、社会教育施設の教育活動などの運営状況の自己評価や、それに基づく改善および地域住民への情報提供の努力義務が課せられた。同年の社会教育法、図書館法、博物館法の改正内容にもその点が反映され明記された。それを契機に生涯学習・社会教育の評価に対する関心も高まったといえる。公的組織の取組みに対する効果と妥当性の説明責任が求められる背景から、国や地方自治体の行政評価全体が政策評価制度を導入していく動向へと連なってきた。

一方で、生涯学習・社会教育実践そのものは、地域へのインパクトを第一目標としているわけではないため、合理的な政策評価とは異なる学習評価が重要になる。そのなかには、学習結果をみる学習内容への評価だけではなく、プ

ログラム評価としても位置づけられる「学習としての評価」という観点がある。それは、学習の事後的な結果の評価にとどまらず、評価のプロセスが学習者にとって意味ある学習プロセスとして組織され、プログラムとして学習者自身の成長につながる学習プロセスをいかに編成するか、という評価の展開である（大村・柳沢，2012）。

「学習としての評価」の具体例として、参加型評価である協働型評価やエンパワメント評価などがあげられる。参加型評価は、国際協力・開発援助の分野で発展してきた評価方法であり、専門家による一方的な評価ではなく、プロジェクトのステイクホルダーが評価プロセスに参加する方法をとる。協働型評価はその一つであるが、行政と住民による政策評価方法として取り入れている日本の自治体もある。生涯学習事業であれば、学習者とプログラム実施者が共に、学習総括としてプログラム評価をし、評価行為もまた双方の学習プロセスに位置づけられる。エンパワメント評価は、アメリカの学校改善運動のなかで発展してきたが、参加型評価を通じて自己決定によるプログラムの改善と成功を促し、関係者が力を獲得し、自己効力感や自己肯定感が高まるような自律性の促進、すなわちエンパワメントするプロセスをデザインする評価である。

「学習としての評価」の主体は、教育事業参加者である学習者のみならず、教育実践に関わる職員や関係者自身もまた、活動を省察し評価する主体である。社会教育では、実践状況を省察的に把握する研究も進められてきている（Ⅱ部6講参照）。そして、「学習としての評価」に不可欠な要素は相互性であり、共に学び合うプロセスを構築する共同体としての学習組織形成にも関わっていく。それはまた、地域やコミュニティそのものの形成過程にも連なる。

〔1.2.3. 森 玲奈　4.近藤 牧子〕

【ワーク】評価項目をつくってみよう
　生涯学習講座でワークショップを実施するとした場合のプログラムの評価項目（問い）をつくってみよう。この際、以下の二つに分けて考えてみよう。①講座参加者（学習者）の様子に関する評価項目、②実践・運営側の準備と実施に関する評価項目。

注

1) 気象庁大雨防災ワークショップの教材については下記 URL に掲載されている。URL：https://www.jma.go.jp/jma/kishou/know/jma-ws/
2) ワークショップにおける明示的な目標・非明示的な目標に関しては、参考文献・資料の山内ほか（2021）や、森・北村（2013）に詳しい。
3) 施設長の諮問（法令上定められたことについて意見を尋ね求める）に応じて、施設が展開する各種事業の企画や実施などについて調査審議をする機関のこと。

第Ⅱ部　参考文献・資料

【1講】

安斎勇樹・塩瀬隆之（2020）『問いのデザイン ── 創造的対話のファシリテーション』学芸出版社．

サイド，M.（2021）『多様性の科学 ── 画一的で淘汰する組織、複数の視点で問題を解決する組織』（トランネット翻訳協力）ディカヴァー・トゥエンティワン．

佐藤智子（2022）「コミュニティにおける対話と学習環境デザイン ── 対話的学習実践にみるコミュニケーションの課題と戦略」荻野亮吾・丹間康仁編『地域教育経営論 ── 学び続けられる地域社会のデザイン』大学教育出版，161-173頁．

丹間康仁（2015）『学習と協働 ── 学校統廃合をめぐる住民・行政関係の過程』東洋館出版社．

中原淳（2022）『「対話と決断」で成果を生む　話し合いの作法』PHP研究所．

ベンズ，E.（2023）『ファシリテーター・ハンドブック』（似内遼一監訳）明石書店．

【2講】

安西勇樹・塩瀬隆之（2020）『問いのデザイン ── 創造的対話のファシリテーション』学芸出版社．

フィッシャー，S. & ヒックス，D.（1991）『ワールドスタディーズ ── 学びかた・教えかたハンドブック』（国際理解教育・資料情報センター編訳）国際理解教育センター．

ロスタイン，D. & サンタナ，L.（2015）『たった一つを変えるだけ ── クラスも教師も自立する「質問づくり」』（吉田新一郎訳）新評論．

【3講】

中野民夫（2001）『ワークショップ ── 新しい学びと創造の場』岩波書店．

森玲奈（2008）「学習を目的としたワークショップのデザイン過程に関する研究」『日本教育工学会論文誌』31巻4号，445-455頁．

森玲奈（2024）『ワークショップデザインにおける熟達と実践者の育成〔第2版〕』ひつじ書房．

森玲奈・北村智（2013）「『ワークショップの教育工学』のための予備的考察」『日本教育工学会研究報告集』13巻1号，313-318頁．

山内祐平（2021）「ワークショップと学習」山内祐平・森玲奈・安斎勇樹『ワークショップデザイン論 ── 創ることで学ぶ〔第2版〕』慶應義塾大学出版会，309-318頁．

【4講】

津村俊充・星野欣生編、日本体験学習研究所監修（2013）『実践　人間関係づくりファシリテーション』金子書房.

森田ゆり（2000）『多様性トレーニング・ガイド ― 人権啓発参加型学習の理論と実践』解放出版社.

【5講】

澤崎敏文・野木尚美（2023）「オンラインと対面を組み合わせた国際理解教育に関する授業実践と考察」『仁愛女子短期大学研究紀要』55号, 1-7頁.

三宮真智子（1992）「メディアの特性とコミュニケーション ― 会議における意見交換を中心に」『現代のエスプリ』306号, 38-45頁.

大坊郁夫（1992）「対面とメディアコミュニケーション」『現代のエスプリ』306号, 29-37頁.

浜田百合・高橋直巳・庄司裕子（2022）「オンラインと対面による合意形成プロセスの比較」『日本感性工学会論文誌』21巻1号, 41-48頁.

横井豊彦・佐藤真治（2019）「対面と非対面のコミュニケーションのプロセスの違いについて」『大阪産業大学人間環境論集』18号, 65-78頁.

【6講】

開発教育協会編（2014）『ESD／開発教育実践者のためのふりかえりツールキット』開発教育協会.

国立市公民館保育室運営会議編（1985）『子どもを育て自分を育てる ―「国立市公民館保育室たより」の実践』未来社.

ショーン, D. A.（2007）『省察的実践とは何か ― プロフェッショナルの行為と思考』（柳沢昌一・三輪建二監訳）鳳書房.

ショーン, D. A.（2017）『省察的実践者の教育 ― プロフェッショナル・スクールの実践と理論』（柳沢昌一・村田晶子監訳）鳳書房.

【7講】

大村惠・柳沢昌一（2012）「社会教育における評価の問い ― その背景と構成」日本社会教育学会編『日本の社会教育56集　社会教育における評価』東洋館出版社, 9-19頁.

梶田叡一（2010）『教育評価〔第2版補訂2版〕』有斐閣.

森玲奈（2021）「ワークショップを評価する」山内祐平・森玲奈・安斎勇樹『ワークショップデザイン論 ― 創ることで学ぶ〔第2版〕』慶應義塾大学出版会, 155-184頁.

森玲奈・池尻良平・濱口麻莉・北村智（2016）「大雨対策への知識・意識向上を目的としたワークショップのデザインと実践」『科学技術コミュニケーション』19巻, 3-15頁.

森玲奈・北村智(2013)「教育工学研究としてのワークショップ実践の評価に関する検討」『日本教育工学会論文誌』37巻3号, 309-318頁.
安田節之(2011)『プログラム評価――対人・コミュニティ援助の質を高めるために』新曜社.
山内祐平・森玲奈・安斎勇樹(2021)『ワークショップデザイン論――創ることで学ぶ〔第2版〕』慶應義塾大学出版会.
Scriven, M. (1991) *Evaluation Thesaurus*, 4th edition, Sage.

第Ⅱ部　さらに学びを深める資料

【1講】
羽田澄子監督(1956)『村の婦人学級』(映画)岩波映画製作所(丹波美之・吉見俊哉編(2012)『岩波映画の1億フレーム』東京大学出版会に再録).
　滋賀県甲西町岩根(現湖南市)の婦人学級を取り上げた映画。農村に住む母親たちが、古い村や家の秩序に縛られ、余裕なく絶え間なく働き続けながらも、我が子を想い、懸命に寄り添おうとする姿が描かれている。当時の「共同学習」の様子を記録した貴重な資料であり、対話の大事さや、対話に必要な要素がよく理解できる。

【3講】
森玲奈(2024)『ワークショップデザインにおける熟達と実践者の育成〔第2版〕』ひつじ書房.
　本書はワークショップの歴史を丁寧に追う。そしてワークショップを創る人、すなわちワークショップ実践者に着眼し、その熟達についてさまざまな手法を用いて迫る。さらに実践者が学びながら成長する姿に今後の実践者育成における課題を見いだす重要な示唆を与える書といえよう。

【5講】
開発教育協会編(2018)『スマホから考える世界・わたし・SDGs』開発教育協会.
　デジタル社会の象徴ともいえるスマホ。原料供給地や生産地における鉱物資源をめぐる紛争問題や労働者の人権問題など、オンラインコミュニケーションが可能となる技術を維持するためには、その背景にさまざまな問題があることを理解する助けとなる教材である。

【6講】

津村俊充（2012）『プロセス・エデュケーション―学びを支援するファシリテーションの理論と実際』金子書房．

　学習者自身の内部や外部環境において生じている出来事のプロセスに気づき、理解し、それをもとにした行動から、自らの関心や課題を見いだしていく教育の理論と具体的なワークが記されている。

【7講】

日本社会教育学会編（2012）『日本の社会教育56集　社会教育における評価』東洋館出版社．

　社会教育における評価の方法、組織、目的をめぐる現状や問題点が検討され、その研究がまとめられている。

塚本一郎・関正雄編（2020）『インパクト評価と社会イノベーション―SDGs時代における社会的事業の成果をどう可視化するか』第一法規．

　インパクト評価の概念や方法が解説されており、さまざまな領域ごとのインパクト評価とその応用や、地域の実際のケーススタディが掲載されている。

第 Ⅲ 部

地域と学校で子ども・若者を
どう育てるか？

第Ⅲ部　解説

　みなさんは子どもの頃、地域とどのように関わり、何を学んだだろうか。第Ⅲ部では、地域と学校が手を取り合うことによって、学齢期の子どもや若者に学習支援を行う方法について考えていきたい。

　生涯学習を「学校を卒業してからも学び続けること」と理解する人もいる。しかし本来は、生まれてから死ぬまでの学びが対象である。学齢期の子どもや若者は、学校に通ってさえいればよいのではない。生涯にわたって学び続ける姿勢や価値観は、むしろ子どもの頃から育まれていく。それゆえ、自分自身の学びに向き合う基礎を、子どもの頃から培っていく機会をつくることが大切になる。その際、たしかに学校も小さな社会ではあるが、子どもや若者にとって最も身近な距離にあるはずの実社会が、地域である。

　第Ⅲ部前半（第1講〜第3講）では、学校段階ごとの地域と関わる学びの支援を取り上げる。まず、第1講「**小・中学生の『ふるさと教育』をどう進めるか？**」では、子どもの将来を描くうえでの最も身近な社会の舞台として地域を位置づける。小・中学生に対する地域の大人側の認識の転換を図りながら、地域の未来を共につくる教育のあり方を展望する。続く第2講「**高校生のプロジェクト型学習の支援をどう進めるか？**」では、小・中学生と比べて地域との関わりが必ずしも日常的ではなくなる高校生の段階に焦点を当てる。大人への期待に応えようと「忖度」しがちな世代だからこその具体的な支援と伴走のあり方を示す。そのうえで第3講「**大学と地域での学びをどう進めるか？**」では、大学生の地域での学びの実例を取り上げる。住民やスタッフなどの地域実践者と大学生による地域課題の共同探究のプロセスを描き、学習者として地域に関わる大学生だからこその学びを支援していく方法を論じる。

　後半（第4講〜第6講）に入ると、対象者に応じた具体的な支援のあり方が描かれていく。第4講「**子どもの放課後の学びをどう支えるか？**」では、時代とともに変化してきた放課後の子どもたちの生活に焦点を当てる。学童保育実践の基盤となる生活を通した学びとして、子ども同士が時にぶつかり合いながらも相互に理解を深めて共生していく場を、学童保育指導員がどのように支

援していくかが論じられる。次に第5講「**多様なバックグラウンドをもつ子どもたちの学びと生活をどう支援するか？**」では、学校外での学びの場の実例として無料学習教室の取組みを紹介する。スタッフが長期的な関わりのなかで子どもの生活の背景を把握し、大人の関わり方として「待ち」の姿勢でいることや時に弱みをみせることの重要性を示す。第6講「**外国ルーツの子ども・若者たちの明るい将来ビジョンをどう育むか？**」では、同調圧力の強い日本社会で、外国ルーツの子どもや若者が自らの進路を描いていく際の難しさと打開策を示す。キャリア教育として本人と保護者が思い描いていた進路選択の幅を広げ、文化的マジョリティの側の国際理解を深める取組みを紹介する。当事者のエンパワメントや支えられる経験の重要性も論じている。

最後に第7講「**地域と学校の『協働』をどう深めるか？**」では、両者の関係を築く際に架け橋となるコーディネーターの力量形成と引き継ぎ、活動を担うアクターとの連携の方法を提示する。子ども・若者が地域と学校の「協働」関係のなかで育っていく土台をつくる支援者の役割を論じている。

第Ⅲ部をはじめるにあたり、一つのことわざを紹介する。

> It takes a village to raise a child.
> （直訳）一人の子どもを育てるには、一つの村が必要である。

子どもを育てていくのに、一つの良き家庭があり、一つの優れた学校があれば、それで教育は事足りるだろうか。そうではあるまい。子どもにとっては、たくさんの他者との出会い、家族や先生を含め多様な大人との関わりが必要である。人間は多様性のなかで育つ。それゆえ、地域みんなで子どもを育てていく理念を共有し、多様な学びの機会を生み出す方法を構想していきたい。

日本の教育政策でも2010年代後半から、子どもの教育を軸に希薄化した地域のつながりを再生しようとする動きが広がってきている。少子高齢化や核家族化が進み、生き方と働き方が変容する現代、地域が関わるからこそ実現できる子ども・若者への学習支援の方向性を展望していきたい。

〔丹間　康仁〕

第 1 講 小・中学生の「ふるさと教育」をどう進めるか？

学習の目標
・地域学習を支援する方法や「ふるさと教育」の課題について理解する。
・小・中学生を地域の主体として位置づけた学びへの支援を構想する。

1. 子どもにとってのふるさと

　地域と子どもの関わりを考えるキーワードにふるさとがある。ふるさとは、生まれ育った地域や過去に関わりの深かった地域をさすことが多い。しかしそのイメージは人それぞれ異なる。在りし日への郷愁やノスタルジーを抱く人もいれば、あまり実感のない人もいる。他方で、過疎化が深刻な地域では「ふるさとを守りたい」という切実な声も聞く。ふるさとは、誰のものなのか。
　日本で親しまれてきた歌もある。「兎追いしかの山　小鮒釣りしかの川」のフレーズではじまる唱歌「ふるさと」（高野辰之作詞／岡野貞一作曲）である。口ずさむことのできる人も多い。その背景には、「ふるさと」が文部省唱歌として長らく小学校音楽の歌唱共通教材に位置づけられ、学校教育のなかで脈々と歌い継がれていることがある（渡辺, 2010）。加えて日本の学校の多くは校歌をもつ。歌詞には、地域を象徴するような固有の自然、地理、歴史などが歌われることが多い。学校行事を通して何度も歌うなかで、気がつけば子どもたちはそのメロディや言葉を身体化している。同窓会で懐かしく旧友たちと歌う大人もいて、出身の地域と学校を象徴する集団的なアイデンティティの形成につながっている（黄, 2007）。
　このようにふるさとは、個人の生活と人生に基づく地域のイメージでありながら、他方でそれが国家の教育体制のもと、郷土愛という言葉をともない形

成され身体化されている面がある。しかしふるさととは、誰かに教え込まれるものなのだろうか。児童・生徒にとってのふるさとに、学校や教員はどう向き合えばよいのか。本講では、義務教育段階である小・中学校に焦点を当てて、「ふるさと教育」を掲げて取り組んでいる実例を紹介し、子どもの将来と地域の未来を関連づける地域学習の支援について考えたい。

> 【ワーク1】「ふるさと」を中心としたウェビングを描こう
> 　白紙の中心に「ふるさと」と書き、そこから連想する言葉を次々と書き出していく。つながる言葉同士を線で結び、イメージをネットワーク図にしよう。

2. 地域学習と「ふるさと教育」の展開

　子どもの学びと地域の維持・発展は関連している。それは「村を捨てる学力」から「村を育てる学力」(東井, 1957) への転換として理解されてきた。たしかに子どもたちが学力を上げると、より多様で高度な進学先や就職先を求めて地域から出ていく人も増える。それゆえ学力をつけさせなければ地域に人が残るという短絡的な発想が出てくる。しかし、単に人が残っただけでは地域は発展させられない。地域の将来の担い手として一人ひとりが学んで力をつけながら地域に関わる必要がある。その視点から、地域学習の実践が取り組まれてきた。

　地域学習は、狭義では小・中学校の社会科で取り上げられる郷土に関する学習として理解される。小学校3・4年生で地域の歴史や地理をまとめた副読本の教材が配られ、地域の調べ学習をした人も多いだろう。広義には「多様な担い手が、単独または相互に連携・協働して地域再生・課題解決の方途を探り、『維持可能な地域』を追求する学び」(佐藤, 2015：2頁) として説明される。小・中学校の総合的な学習の時間で地域課題の解決を主題にしたり、地域と共にその学校ならではの教育課程や課外活動を構想したりする動きが盛んで

ある。

とりわけ2010年代半ばからの国の地方創生政策では、地域の持続と発展が大きな課題として提起された。その際、地域の持続と発展の鍵を握る人材の育成に焦点が当たった。地域人材を輩出する教育の役割に期待が高まるなか、各地の自治体は「ふるさと教育」を施策や事業に掲げて、子どもたちの地域学習に一層注力した。しかし、少子高齢化や過疎化、産業の衰退や公共サービスの縮小など、ただでさえ課題山積の地域に、無理やり愛着を持たせようとする教育は逆効果でもある。郷土愛の育成を掲げて、大人が考えた地域の「よさ」を子どもに一方的に伝えていく教育は、愛することの押しつけにすら映る。ふるさとと教育を結びつけて地域学習を支援する難しさがここにある。

そこで以下では、子どもたちを主体として「ふるさと教育」を推進してきた事例として、秋田県大館市の「ふるさとキャリア教育」と北海道十勝郡浦幌町での「うらほろスタイル教育」における学習支援のあり方をみていきたい。

3.「ふるさと教育」における学習支援

（1） 大館市「ふるさとキャリア教育」の取組みから

秋田県大館市は、県の内陸北部に位置する人口約6.7万人、面積913.22km²の自治体である。秋田犬の産地で「忠犬ハチ公」の「ふるさと」としても知られる。大館盆地を中心に広がる地方都市で、市立の小学校17校と中学校8校、県立の高等学校3校、中学校1校、特別支援学校1校がある（2024年時点）。

大館市では「大館盆地全体を学舎に」と「市民一人一人を先生に」を理念に、2011（平成23）年度より「ふるさとキャリア教育」を進めている。子どもたちを「未来大館市民」と位置づけ、教育委員会が自治体の教育課程のグランドデザインを描き、各校が特色ある取組みをできるようコーディネートしている。

取組みの第一に「百花繚乱作戦」がある。各小・中学校がそれぞれの学区をフィールドに独自のテーマを定める。地域の団体や機関と連携し、地域でボランティア活動をしたり、農産物を栽培して収穫したり、地域の新たな特産品を

開発したりしている。学校が連携する団体や機関は、町内会・自治会、婦人会や農協、福祉施設や病院など多様である。総合的な学習の時間に学年ごとで活動を配置するなど、各校の教育課程として体系化されている。教員の個人的な努力や人間関係のみで地域学習を構想するのではない。その学校と地域の関係を基盤に、教員は児童・生徒の地域学習をサポートする。市で毎年開催される「本場大館きりたんぽまつり」では各校から出展を募り、児童・生徒の自発的な参加がみられる。学校教育での地域学習の成果が社会教育の場でも還元される。

　第二に「子どもハローワーク」である。これは学校と企業の二者間で調整・実施する従来型の職場体験とは異なる。まず、地域の事業者や団体が小・中学生のボランティアを受け入れたい旨の求人情報を市の教育委員会に提供する。次に事業者・団体との協議・調整を経て、各校で児童・生徒に参加を呼びかける。活動内容は仕事の体験からイベントの手伝いまで幅広い。地域や企業にとっても小・中学生に団体や事業のことを知ってもらえる機会になる。各校単位で実施する職場体験では、受け入れ先を探す教員の労力が大きいが、それにもかかわらず体験できる職場や仕事の幅は限られる。教育委員会がコーディネート役を担うことで、子どもたちの選択できる範囲が増えた。この取組みは、地域での子どもたちの学びの幅を広げるうえで、後方支援の重要さを示している。

（2）　浦幌町「うらほろスタイル教育」の取組みから

　北海道浦幌町は、十勝平野に広がる人口約5,000人の町である。面積729.6km²の町域は、漁村の沿岸部から酪農・農業の内陸部まで地域性に富む。学校統廃合が進み、小・中学校は各2校である。町の小・中学生数は300名を切った（2024年時点）。町内にあった道立高校は2015（平成27）年に廃校となった。そのため高校生になると、バスや列車で町外に通学するか、町外の下宿や寮で生活を送ることになる。地域が子どもたちの教育に深く関われるのは中学生までである。そのなかで、小・中学校の9年間を見通した「うらほろスタイル教育」が構想された。

浦幌町の子どもたちは、小学校の教育課程として4年生で民泊を体験する。町内で農林漁業を営む家庭に1泊し、自分の家庭とは異なる地域の暮らしや大人の生業を知る。6年生では修学旅行で町の魅力発信を行う。札幌駅や新千歳空港など人の流れが多い地点へ出かけ、町の魅力を紹介して産品を手渡す。小学生の時期に、自らの生活と地域への視野を広げる学習が行われている。

中学生になると、総合的な学習の時間を中心に1年生から地域課題を掘り下げ、3年生で「地域活性化プロジェクト」を行う。生徒が町で実現したい取組みを考えて、大人たちを前に構想を発表する。その後、地域の大人たちも関わり、力を合わせて構想の実現をめざす。地域でカフェをオープンしたり、地元食材を活かした弁当やスイーツを開発したり、それらを道の駅で販売したり、ご当地キャラクターをつくりコミュニティバスに描いたりする活動がこれまで蓄積されてきた。

浦幌町ではこれらの学習を、町内の一般社団法人「十勝うらほろ樂舎」が包括的に支援している。教員が直接活動を組み立てるのではない。教員の関わりは教室での学習と校外での体験を結びつけることにある。教員が異動しても地域との関わりは継続し、学習のテーマを持続的に支えることができる。子どもたちの9年間の成長を、家庭と学校だけではなく地域も共に見守っている。

こうした学びを進めた生徒は、地域にどのような思いを抱いているだろうか。中学生に「地域」を中心としたウェビングを書いてもらうと、まず出てきた言葉に「人」があった。「人」が「優しい」というイメージをもつ生徒も少なくない。さらに、中学生が地域の一員として果たす役割を尋ねると、地域のことを発信し、地域の課題をみつけることと答えた生徒もいた。地域とは人である。取組みを通じて、地域をつくる主体の一人としての意識が醸成されている（上田・丹間，2024）。

図Ⅲ-1 「地域」を中心としたウェビング
出典：中学生作成のものを一部改編。

> 【ワーク2】子どもたちの「ふるさと観」を読み取ろう
> 　ふるさと教育に取り組んだ中学生が、「地域」のイメージとしてまず「人」をあげた（図Ⅲ-1）。子どもたちは地域に対してどのような認識を育んでいるか、図から「ふるさと観」を読み取ろう。

4. 地域をつくる主体としての小・中学生

　小・中学生の地域学習を、大人たちはどのように支援していけるだろうか。以下では「ふるさと教育」の事例を通してみえてきたことを整理したい。

　第一に、大人側の認識の転換が必要である。大館市では子どもを未来の市民と位置づけ、浦幌町では中学生が地域の一員としての役割を自覚していた。相手が小・中学生だからといって、大人が理想とする既製の地域の「よさ」を押しつける教育は通用しない。大切なことは子どもが自ら地域によさをみつけることである。そのプロセスに寄り添うことで、子どもたちが地域のどこによさを感じるのかを大人も学ぶことができる。そのうえで、よさのみならず地域の課題からも目を背けさせない。課題があるからこそ、それを解決する市民の一人として、子どもは自己の役割を地域に見いだすことができる。「そこにある場所」から「共につくる場所」へと地域に対する認識を転換し、課題に向き合う学びを構想できるとよい。

　第二に、小・中学生だからこそ、身近な日常のなかに資源や課題をみつけ、地域の現在に関わる学びを展開することが有効である。両事例で子どもたちが学んでいた地域とは、単に名所史跡の知識でもなければ、町の名士や過去の偉人の足跡でもなかった。それは、その土地で今まさに生業を作り、仕事に向き合い、暮らしている大人の姿であった。こうした学びは教員だけでは生み出せない。大人たちが地域でネットワークを築き、子どもたちが地域の多様な大人と出会える仕掛けを用意したい。それには、浦幌町などでの取組みに基づき提起された「地域創造型教師」（宮前ほか，2017）という考え方も参考になる。地域を基盤とした教職論の展開が求められる。

第三に、ふるさとは未来志向のものである。大館市では、ふるさとに生きる基盤を培うとともに、自らの人生の指針を描くことが目標とされている。小・中学生にとってふるさとは、過去の自分を表象するものではなく、将来の自己を描くために眼前に広がる、多様な大人と関わりうる最も身近な社会の舞台である。それゆえ、一人ひとりの将来の志と関連づけた支援が重要である。

　ふるさとは今や、自らの夢を実現したのちに帰ってくる安住の地ではない。唱歌「ふるさと」の3番の歌詞を思い出したい。その歌詞を、「志を果たしに　いつの日にか帰らん」と、1文字替えて卒業式で合唱する学校がある。少子高齢化と過疎化に喘ぐ離島の島根県海士町にあって、地域学習を軸に廃校の危機を脱した隠岐島前高等学校である（山内ほか，2015）。ふるさとは過ぎ去った日々への回想でも回帰でも余生でもなく、子どもと大人が共につくる地域の未来である。その発想に立ち、子どもの歩む人生に地域学習の支援を重ねるとき、地域をも持続可能にする「ふるさと教育」が展開できるだろう。

〔丹間　康仁〕

第2講　高校生のプロジェクト型学習の支援をどう進めるか？

学習の目標
・プロジェクト型学習が求められる背景や意義を理解する。
・プロジェクト型学習の基本的な流れや組み立て方を理解する。
・プロジェクト型学習の支援者の伴走のあり方について考えを深める。

1. なぜ高校生のプロジェクト型学習が大切なのか

　小・中学生から高校生になると、地域との関わりはどう変化するだろうか。通学区域の広がりにともない、生まれ育った地域から行動範囲が広がり、日常生活のなかで地域との接点が希薄になる人は少なくない。自分の住む地域とは異なる地域の高校に通う人もいる。地域との接点が比較的多い小学校などに比べると、授業などで地域と関わる機会が減少することもあろう。このように高校生にとって、地域は必ずしも身近な場所ではなくなるのかもしれない。
　他方で近年は、高校が地域と連携した実践も増えつつある。特に注目すべきは、地域のことを学習したり、地域で体験活動をしたりするだけにとどまらず、地域課題の解決に取り組むプロジェクト型の学習が数多くみられる点である。学校のみならず社会教育などでも、高校生と地域をつなぎ、高校生がまちづくりの主体として参画していくことをめざす取組みが増えている。
　しかし、日本の若者全体では、他国の同世代に比べ、自らの参加や行動で国や社会を変えられるという感覚が低い傾向にある（**図Ⅲ-2**）。それゆえ、地域の「本物の」課題に取り組むプロジェクト型の学習を通じて、自分の考えが周囲の大人に真剣に受け止められたり、自分たちの手で少しでも何かを変えられるという経験をしたりすることは、高校生の自信や意欲を育み、地域や社会

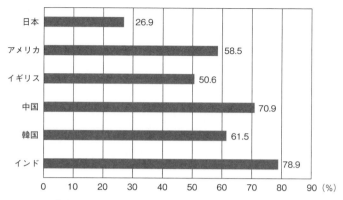

図Ⅲ-2 「自分の行動で、国や社会を変えられると思う」と感じる 18歳の割合（各国 n ＝ 1000、「はい」の回答率）
出典：日本財団（2022）「18歳意識調査『第46回 国や社会に対する意識（6カ国調査）』報告書」11頁より抜粋し作成。

への参画主体としての感覚を形づくるうえで重要な意義がある。

　加えて大切なのは、地域がこうした高校生のプロジェクト型の学習の場になることの意味である。地域が抱える切実な課題は、高校生に貴重で深い学びを提供するだけでなく、高校生が活動を通して地域住民に応援されたり、地域の魅力と出会いなおすことで、その後も地域に関わり続けたり、住み続けたりしていこうという思いにもつながりうる。若者の声を聴き、若者を大切にすることが、地域をよりよく変えながら、持続可能な地域づくりに寄与する。

2．プロジェクト型学習をどのように進めるか

　プロジェクト型学習の進め方は、それぞれの現場によって多様に考えられるが、基本的な流れや考え方の例を大まかに示すならば、次のようになる。

（1）テーマを決める／グループをつくる

　まずは、どのようなテーマや課題に取り組むのかを決めるところから活動がはじまることが一般的である。活動や授業全体に一定の共通性をもたせる意

図で、教員や大人側で共通テーマや大枠を設定することもあるが、そうした場合でも、高校生にとってお仕着せの学びに陥らないよう、具体的な課題設定は高校生自身の関心と結びつけることを意識する。はじめから地域課題を起点にするのではなく、高校生が普段生活していて気になることやおかしいと感じること、変えたいことなどを起点に、地域課題と結びつけてみるアプローチも有効である。

なお、個人ではなくグループ単位で活動を進める場合、同じテーマや似た課題を選んだ生徒や参加者でグループをつくることが考えられるが、その場合、とりわけ学校外での活動などでは、それぞれの関心を持ち寄るなど、グループの関係づくりから丁寧にはじめることも大切である。

(2) 課題について調べ、認識を深める

テーマが決まったら、課題について詳しく調べる段階に進む。これは高校生が地域の切実な課題と出会い、問題意識を深めていく機会にもなる。ここで重要なのは、なるべく多様な人の視点や意見にふれることである。地域の課題は複雑であり、立場の違いや、世代や居住地域など背景の違いによって、視点や意見は異なりうるし、立場や背景が同じでも意見が分かれることも少なくない。調査の方法も、地域住民や関係者への聞き取りのほか、まち歩き、アンケート、各種資料や統計の収集、専門家へのヒアリングなど、多様に考えられる。こうした調査を通じて、何が起きているのかという現状や実態、その原因や背景、対立する意見などを整理し、課題の深く多面的な理解をめざす。

(3) プロジェクトを考え、実践する

課題の詳細がみえてきたら、解決に向けたプロジェクトを考えていく。もちろんすべてを高校生が解決できるわけではなく、活動の時間的制約などもあるため、取り組む課題の絞り込みも必要である。そのうえで、どのような解決策が考えられるのか、そのなかで有効かつ自分たちにできることは何かを考えていくことになる。ただし、一見無理そうな発想も最初から排除はせず、まずは自由にアイデアを出し合うことも大切である。それがときに、思いもよらな

い創造的な解決策に結びつくこともあるからだ。

　プロジェクトの方向性が定まったら、具体的な内容を固め、計画を立て、準備し、実践していく。高校生が「自分たちで動かした」という感覚を得られるためにも、高校生主体で進めるよう支援することを大切にすべきだが、これは高校生の力だけですべてを行うことを必ずしも意味しない。必要に応じて地域の大人の力を借りたり、巻き込んだりすることで、プロジェクトの実現可能性を高めたり、発展させたりすることも重要な視点である。地域の資源を有効活用していくことで、高校生も地域のもつ力に気づく機会にもなろう。

　なお、課題の調査からプロジェクトの実践までは直線的に進むとは限らない。プロジェクトを考える過程で課題に立ち返って考え直したり、一度プロジェクトを実践してみて新たな課題に気づき、さらなる課題設定や調査につなげたりすることもありうる。こうした試行錯誤の過程も大切にすべきである。

（4）活動のふりかえりや成果発表を行う

　一通りの活動を終えたら、ふりかえりや成果発表といったまとめの活動も行う。活動で得た学びを言語化し、深めることは、「活動あって学びなし」に陥らないためにも不可欠な要素といえる。ふりかえりは最後にまとめて行うだけでなく、日常的に行うことも大切である。

【事例】探究学習における「忖度」をどのように乗り越えるか？
　以下は、高校生を対象としたまちづくりのプロジェクト学習の活動において、テーマを決める話し合いで起きた出来事を記した一節である。
　「自分自身の関心のあることや、これから学びたいことを話しているときは、とっても自分ごとになって意気揚々としていた高校生たちが、テーマ決めの段階になったら『人口減少を解決したい』『地域交流を促したい』などと、どこかから借りてきたような言葉でテーマを書きはじめたのです。（略）不思議だったので、高校生たちにそれ本当にやりたいと思った？ と、尋ねてみてわかったのは、大人への見えない忖度でした。例えば、本当は『サッカーや野球ができる場所をもっとまちのな

かに増やしたい!』をテーマにしたいのに、いざ外に発表するテーマになると、それが『スポーツを通じて地域交流を促したい』と変形して出てきたりします。誰にも言われてないのにそうしないといけないと勝手に思い込んで、大人や社会が良さそうだと思うテーマに忖度して変えてしまっていたのでした。」
(出典：土肥潤也「大人に忖度する探究学習に学びはあるか。」2023年7月. URL：https://note.com/dohijun/n/nc1b8f9b5bde5)

【ワーク1】この事例のような「忖度」はなぜ生まれてしまうと思うか。
【ワーク2】こうした「忖度」に陥らないために、プロジェクト型学習に伴走する人としてどのような声かけや工夫をすればよいのだろうか。

3. 高校生のプロジェクト型学習にどのように伴走するか

　高校生のプロジェクト型学習では、高校生主体で進めることを基軸にすべきだが、大人の関与が不要なわけではない。高校生がその力を最大限に発揮し、学び多き活動になるためにも、大人の適切な支援は重要である。そうした大人の役割はしばしば「伴走者」と表現される。その具体的な役割や関わり方は文脈や状況に応じて変わりうるが、いくつか大切にしたい考え方を述べる。
　第一に、活動の場における「心理的安全性」をつくることである。高校生のなかには、自分の意見に自信がなかったり、自分には大したことなどできないと感じていたりする者も少なくない。またグループで活動する場合、場を取りまとめる力のある生徒や、声の大きい生徒の意見に引っ張られることもある。だからこそ、一人ひとりの声を受け止めながら、安心して自分の率直な意見を出し合える関係や雰囲気をつくることが、活動を支える基盤となる。
　第二に、こうした心理的安全性を基盤にしながら、高校生が率直に意見を言える後押しをすることも大切な役割である。先の事例からも示唆されるように、高校生は普段の学校の授業などで「正解」を探し出すことを学んできた経

験から、大人が期待しそうなテーマや活動を探して選択することが起こりやすい。もちろんそれが、本当に高校生がやりたいことであればよいのだが、必ずしもそうとは限らない。だからこそ、予定調和的な展開をときに問い返しながら、「本当にそれでよいの？」と本音の言葉を引き出す関わりや、高校生が安心して自分の意見を本音で話せるような関係づくりが求められる。

　第三に、高校生が自分たちで動きはじめたら、それを見守りながら支援する関わりが重要である。子どもの参画の支援に関する研究をまとめた安部（2010）は、支援者の関わりの要諦を「待つこと」と「聴くこと」に見いだす。いわく、子どもが「自分の力で考え、試行錯誤を繰り返し、失敗に学びながら成長していく」大切さを理解し「待つ」支援者の姿勢が、子どもの自由な意見表明に肝要だという（安部, 2010：117頁）。そして「聴くこと」とは、「おとなの思った方向に子どもが言葉を発するように促す」のではなく「子どものなかから湧き出る言葉を待つ」（同上：124頁）ことだという。こうした関わりは容易ではないが、大人の側が無意識のうちに高校生の活動や議論を方向づけていないか、と内省する視点を常に持ち合わせておくことが大切であろう。

　ときには議論の場にあえて問いを投げかけたり、異なる視点を提示したりすることで、視野を広げたり気づきを促したりするような関わりが有効な場面もある。あるいは、外部のリソースとつなぐことで、高校生の活動の可能性が広がることもありうる。伴走者がどこまで／どのように高校生の活動に関与すべきかということに「正解」はない。そのときどきの状況を丁寧に観察し、活動のねらいや性格に照らしながら、柔軟に判断することが求められる。

　最後に、プロジェクト型学習の支援者が、高校生のよき理解者であり、応援者であることをあげておきたい。活動の過程で、高校生が揺らいだり立ち止まったり、自信をなくしたりすることもある。そうしたときに、その過程を見守り続けて、傍にいる存在は大きな意味をもつ。何らかの支援を提供するという関わりだけでなく、「伴走者」としての大人がそこにいること自体が、高校生にとっての支えとなるのである。

〔古田　雄一〕

第3講　大学と地域での学びをどう進めるか？

学習の目標
・大学生の地域での学びの進め方や方法を理解する。
・大学と地域での学びを進めるために、大学生と地域実践者（地域住民や組織のスタッフなど）の双方に求められることを説明することができる。

　大学生にとって地域はもう一つのキャンパスである。地域では、多様な人びとがさまざまな課題を抱えながら日々の生活や労働を営んでおり、固有の文化をもった新たな世界である。そんな大学生の地域での学びの支援には、どのような進め方があるのだろうか。また、大学生にとって、地域での学びにはどのような意味があるのだろうか。そして、地域での学びを進めるために、大学生と地域住民・組織のスタッフなどの双方に何が求められるのだろうか。

1. 大学における地域での学びの進め方と方法

（1）高知大学地域協働学部における地域での学びの進め方

　文部科学省の2012（平成24）年の「大学改革実行プラン」のなかで「地域再生の核となる大学づくり」が謳われ、2013（平成25）年度から「地（知）の拠点整備事業（COC）」がはじまった。高知大学地域協働学部（以下、地域協働学部）は、こうした流れのなかで2015（平成27）年に創設された。「地域協働」とは「地域社会が抱えている諸課題を調和的に解決し、地域社会の再生と持続的な発展を図るための多様な地域主体（人や組織）間の協働」である。地域協働学部では、「地域協働教育」という理念を掲げ、大学生の「大学での学び」と「地域での学び」、および「学生力を活かした地域貢献」を相互に関連させた、教育と地域活動を展開している。

地域協働学部のカリキュラムの中核に位置づいている実習は、高知県内各地の地域運営組織（集落活動センター）、社会教育施設、NPO、企業などと協働し、大学生が地域理解力（1年次）・企画立案力（2年次）・協働実践力（3年次）を身につけることを目標にしている。そして、大学生が地域課題の解決をめざして立案した企画について、実習のパートナーや協力者となっている地域住民・組織のスタッフなどの「地域実践者」と共に、計画・実施・評価・改善のプロセスをもって取り組んでいる。

　3年間の地域での学びを概説すると、1年次は高知県内のさまざまな地域の実習先を訪問し、施設の清掃や草引き（草取り）、里山の整備、農作業、集落の行事への参加などを通して、地域の人びととコミュニケーションを図り、地域と向き合う作法を学ぶ。2年次は地域協働学部で用意している実習先から一つを選択し、実習先の地域でフィールドワークやサービスラーニングを行い、地域資源を活用した地域課題の解決を図るための企画を立案する。つまり、地域のために大学生自身が自分たちに何ができるかを探究的に学ぶ。3年次は2年次に立案した企画を実習先の地域実践者と協働して実施する。これは地域との協働による実践的な学びといえる。

（2） 地域での学びの方法

　地域協働学部の地域での学びの進め方は、多種多様な学びの方法を用いているが、基軸としている方法は、フィールドワーク、サービスラーニング、プロジェクト型学習である。これらの学びの方法は、第Ⅲ部の他の講でも紹介されているので、ここでは一般論をふまえ、地域協働学部での展開例を紹介する。

　まず、フィールドワークとは、参与観察やインタビューなどの多様な手法を駆使して、地域の現場でデータを収集することを目的とした調査活動である。そして調査活動を通じて、「地元の方々を先生として地域を教科書に五感のすべてを駆使して学ぶこと」ができる（宮本・安渓, 2008：1頁）。地域協働学部の実習では、地域実践者や地域で出会う人びととのコミュニケーションやさまざまな体験活動を通して地域を学び、言語的な知識（形式知）と非言語

的な知識（暗黙知）の両面から地域理解を深めることができる。

　次にサービスラーニングとは、「学習と社会に貢献する活動を意図的、計画的に結びつけて行われ」（ゲルモンほか，2015：iv頁）、「地域社会での活動を準備し、その後の意図的な振り返り（省察）を結びつけた教育手法」である（同上：1頁）。地域協働学部の実習では、実習先が地域コミュニティか、NPOや企業などの組織かによって貢献活動の中身は異なるが、地域や組織の課題解決に近づくための企画立案に向けて、地域の特性や課題、関係者の把握とともに、地域や組織の人びととの関係づくりを目的に貢献活動を行なっている。

　最後に、プロジェクト型学習とは、「一定の目標に対して一定期間、主にグループでプロジェクト活動に取り組むことを通じて学習する手法」である（松田ほか，2019：20頁）。松田ほか（2019）は、プロジェクト型学習の取り組む課題（成果物・結果）のアウトプットの性質によって、図Ⅲ-3のように立案型と実行型（課題解決の方策や企画の立案までか、実行・制作まで含むか）、バーチャル型とリアル型（社会における経済活動や政策、生活などに直接関わるものか否か）の二軸で整理している。

　図Ⅲ-3において、地域協働学部の実習は「リアル実行型」に位置づく。2年次に立案する企画は、実際に地域のなかで共有されている課題の解決に向けた活動であり、提案は大学生が行うが、実施に向けては実習先の地域実践者と

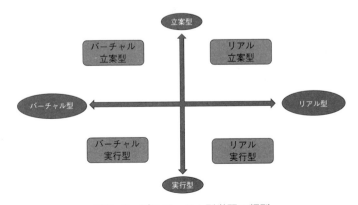

図Ⅲ-3　プロジェクト型学習の類型
出典：松田ほか（2019：24頁）の図表3-4を筆者が簡略化した。

何度も協議・調整を繰り返しながら、企画の実施計画書を作成する。そして、3年次は2年次に作成した実施計画書に基づいて地域の関係者を巻き込んで企画を実施し、その実施結果を実習先と共有しながら、企画や実施計画の評価について話し合い、次年度に向けた改善案を検討している。

2. 大学生の地域での学びの意味
―― 地域協働を学ぶということ

このように地域協働学部における実習の特色は、3年間の実習を通して地域社会で生起している課題を教材に、大学生が地域実践者との協働を通して、共に考え行動し、学び合うことにある。では、実際に地域協働学部の大学生は、地域での学びをどのように意味づけているのだろうか。

実習における地域での学びをきっかけに、自身の生き方や地域観を変え、実習先の中山間地域に移住したAさんの例をみてみよう。Aさんは3年間の実習をふりかえり、自身の卒業論文のなかで移住の理由を次のように記述している（なお、原文には具体的な地名が記されていたが、ここでは「B地域」とする）。

> 一つは、人びとが生活を営むコミュニティにおけるさまざまな問題（正解のない問い）に対して頭を悩ませ、共に活動するメンバーと答えを導き出していく過程に楽しさを覚え、それを体感できるB地域にもう少し関わっていたいと思ったからである。もう一つは、B地域の次世代を担う若手住民から、今の状況に満足することなく変わっていこうとする熱い想いを打ち明けられた時、これから変わっていこうとする（動いていく）地域の姿に面白みを感じ、自身もその一員になり活動を共にしたいと思ったからである。

このAさんの記述から、実習を通してできた仲間と共に地域が抱えている正解のない問題の「解」を共同探究していく楽しさや、地域の未来を切り拓く創り手になろうという意欲がうかがえる。

その一方で、実習を進めていく過程において、大学生同士の考え方や取り

組んでみたいこと、実習に対する意欲・姿勢の差異により、あるいは大学生たちが挑戦してみたいことと地域が期待していることの相違により、コンフリクトは起こる。実際に、大学生たちは実習先をはじめ、関わりをもつ地域実践者との関係づくりの難しさに直面している。例えば、実習先であるC地域の住民の一人から、「おまんらは、単位のために実習をしよるんやろ。授業がなかったらここに来んのやろ」と、なぜ地域に入り、地域で学ぶのかを問う厳しい言葉を突きつけられたこともある。また、別の実習先のある企業で、大学生同士が広報活動に活用してもらおうと、時間をかけて話し合って作成した広報紙（新聞）に対し、スタッフから「せっかく作成していただきましたが、内容以前に、このクオリティの新聞は同梱できません。読もうと感じませんでした」「やる気がないなら、辞めたらどうですか」と突き返されたこともある。

【ワーク1】なぜコンフリクトは起きてしまうのか？
なぜこれらの地域実践者は、上記のような不満を大学生に返したのだろうか。地域実践者の立場に立って、その理由を考えてみよう。

大学生たちはこうした地域実践者との接触を通じて、大学生同士の、何より大学生と地域実践者とのコミュニケーション不足を痛感し、自ら積極的にコミュニケーションを図ることの重要性とともに、相互理解に向けて何度もコミュニケーションを積み重ねていくことでしか事態を打開できないことに気づく。また、地域実践者との接触を繰り返す過程で、多様な視点で、とりわけ相手の目線・立場で、自分たちの姿勢や思考をとらえ直し、より大きな視野で自らの企画をとらえ返していく。こうした大学生の意識や考え方の変化は、「リアル実行型」のプロジェクト型学習だからこそ起きていると思われる。何より、実習のプロセスで最も多くの時間と労力をかけていることは、企画の実施目的に付随する地域課題の認識や地域の将来ビジョンに関する大学生同士および地域実践者とのコンセンサスづくりである。これは企画の実施に向けて、グループからチームに集団の質を高めていく時間となっている（斉藤，2022：7

頁)。

3. 大学生の育ちをつくるために

このように、大学生と地域実践者との関係性が地域での学びを進めるための重要なポイントとなる。どのような両者の関係性が求められるだろうか。

【ワーク2】大学生と地域実践者との関係性について考えてみよう
① よそ者・外部者である大学生が地域に入り、地域実践者と関わるときに大事にしなければならないことは何だろうか。
② 地域実践者が、地域にやってきた大学生と関わるときに大事にしなければならないことは何だろうか。

地域課題の解決（地域づくり）は、地域の現状を変えることでもあり、大学生自身が意図していなくても、大学生の課題提起や企画提案が地域実践者に現状の取組みへの批判と受け取られてしまうこともある。このことをふまえるならば、軽率な課題提起や企画提案は慎むべきであろう。フィールドワークやサービスラーニングは、地域の歴史的な経緯や人びとの想いに対する理解を深め、地域実践者との信頼関係を築いていくための方法でもある。地域での地道な学びを積み重ねることで、大学生と地域実践者との協働は生まれるといえる。

一方で地域実践者は、大学生が地域での学びに関わることを教育活動として理解する必要がある。地域での学びには、奉仕活動も含まれている。若者が流出し、高齢化が進む地域では、大学生が労働力として重宝されることもある。しかし、本講で紹介したように、大学生は学習者として地域で、地域を、地域から学んでいる。そして、自ら地域課題をみつけ、地域課題の解決に向けた挑戦をすることで学びを深めている。大学生は奉仕活動も行うが、単なる奉仕者ではない。地域実践者は、大学生の若者世代という特性をふまえて、大学

生の自発的な行動や課題提起を受けとめ、ときには大学生と同じ目線に立って一緒に汗をかく伴走者となり、大学と共に大学生の育ちをつくるパートナーであってほしいと願っている。

〔斉藤　雅洋〕

第4講 子どもの放課後の学びをどう支えるか？

学習の目標
・学校外の学びの場における環境づくりや支援の方法を理解する。
・多様な大人との関わりが子どもに与える影響を理解する。

1. 子どもの放課後の学びとは何か

　学校の授業（課業）から解放された後の時間である子どもの放課後は、かつて、地域社会で子どもたちが自主的に生活する時間として存在した。伝統的なつながりをもとに、放課後の子どもの遊びや生活は、地域の子育て文化や仲間集団によって自治的に保障されてきたといえる。しかし、高度経済成長期以降、都市化や核家族化、共働き家庭の増加、競争社会の激化などにより、遊びたくてもその相手がいない、遊ぶ時間や場所もないという子どもたちが増加した。いわゆる、放課後の仲間、時間、空間という「三間の喪失」である。子ども社会の変容にともない、生活体験が放課後から失われたことは、子どもたちの成長・発達の危機を生じさせる課題として認識されてきた（明石・川上編, 2005）。また近年、家庭の経済状況により、学校外でのスポーツや文化・芸術活動などの体験機会の格差が生じていることも報告されている（今井, 2024）。
　このような社会的課題を背景に、失われた体験活動を提供することが放課後支援事業の役割であると考えられ、2000（平成12）年以降、国の政策レベルでの子どもの放課後対策が推進されてきた。その代表例は、2007（平成19）年に策定された放課後子どもプランである。文部科学省による放課後子ども教室と厚生労働省による放課後児童健全育成事業（以下、学童保育）を一体的あるいは連携して実施することで、すべての子どもに対する総合的な放課後対策がめざされている。例えば、放課後子ども教室では、地域資源を活用して自然

体験や文化的活動がなされるとともに、学童保育では、遊びや生活の場でのさまざまな体験活動を基盤とした子どもの育成支援がなされている。

2. 子どもが生活主体となりうる放課後支援

　2020（令和2）年度の文部科学省委託調査によると、小学生の頃の体験活動は、家庭の経済状況などに左右されることなく、その後の成長によい影響を与えること（例えば、高校生の時に自尊感情が高くなる）が指摘された（浜銀総合研究所，2021）。子どもの権利保障の観点から、体験活動の格差解消に向けた取組みも展開されている。子どもの放課後支援においても、豊富な活動プログラム（例えば、英語や体操、プログラミング、実験など）を準備し、さまざまな体験機会を提供する実践が増えている。放課後支援の場に民間企業が参入することで、この勢いはますます高まっている。

　このような実践を支える概念として注目されているのが、非認知能力である。非認知能力とは、IQなどの認知能力に相対するものであり、意欲や忍耐力、自尊感情など、数値化しにくい認知能力以外の能力を表す概念である。非認知能力の育成を求める放課後支援の場の増加は、かつて存在した「ただ預かるだけ」や「子どもと遊ぶだけ」というような放課後支援のイメージを払拭し、放課後という場において子どもたちの成長・発達を促進する教育的機能の側面を明確にする可能性をもっている。だが、放課後の活動プログラムを通して育成・開発される非認知能力とは、「社会が求める・将来必要になる『資質・能力』」の側面が強く、良かれと思ってこれらの活動プログラムを準備することが「子どもたちにとっては抑圧となる可能性」は否めない（二宮，2021：197頁）。放課後支援によって保障されなければならないのは「〇〇力」のような資質・能力論を前提とする活動プログラムではなく、子どもが主体となる放課後の生活そのもののなかで経験する体験である。それは特別なものではなく、同じ場に集った異年齢の仲間で楽しく遊ぶことや、生活のリズムを自ら決めること、ケンカやトラブルを自分たちで避けたり、解決したりするようなことである。

厚生労働省の諮問機関である社会保障審議会の児童部会に設置された「放課後児童対策に関する専門委員会」は、2018（平成30）年に『総合的な放課後児童対策に向けて（中間とりまとめ）』を報告した。報告書では、近年の社会動向や児童の権利に関する条約、改正児童福祉法の理念をふまえ、放課後児童対策でめざされる子どもの姿が示されている。それは、主体的に遊び生活するなかで生じる葛藤やその克服を通じて主体性や自己決定力を育むとともに、多様性を尊重し他者と共に生きることができる子どもの育成である。

3. 学童保育における生活を通した学び

放課後支援において、遊びや生活を通して成長・発達を促しているのが学童保育である。こども家庭庁によると、2023（令和5）年、学童保育所数は25,807か所であり、1年生から6年生までの約145万人が利用登録している。児童福祉法に放課後児童健全育成事業として法制化された1997（平成9）年には1万か所に満たなかった学童保育所はいまや国公私立を含む小学校数（18,980校、2023年度時点）よりも多く、そこで過ごす時間も長い。また、コロナ禍において社会的役割が増し、存在価値が広く認められたことで、放課後の居場所として誰もが知りうる場となりつつある。

生活は学童保育実践の基盤である（垣内、2021：25頁）。生活を通した学びを促す学童保育実践の特徴を表す言葉に「生活づくり」がある。「生活づくり」とは「学童保育の発生以来、今日まで、学童保育を真に子どもたちのものとするために追求されてきた」実践論である（大塚、1986：80頁）。

「生活づくり」の概観を整理すると次のようになる。1970年代には、子どものあるべき生活の姿を構想し、それを学童保育に取り入れることで子どもの生活を保障しようとしていたのに対して、1980年代には、学童保育に通っている子どもを生活の主体とみなし、主体者である子どもたち自身が生活を創りあげていくことを実践の中核とする動きが台頭した（二宮、2012）。子どもを生活の主体としてみなすとは「子どもたちの願いや欲求を満足させることではなく、子どもたち自身に自らの願いや欲求を自覚させ、それを実現する力を獲得

させること」であり（二宮，2021：202頁）、そのための指導員による働きかけが「生活づくり」の実践として目指された。

　一方、1990年代になると、「居場所づくり」の観点から学童保育の生活のあり方が模索された。指導員と子ども、子ども同士の関係は、お互いに〈ケア〉し、それに応答し合う関係として展開され、指導員による一方向的な指導・支援の関係から、共同的な生活の場において、あてにされたり、認められたり、励まされたりし合うような人間的な関係への転換が求められた（久田，1993）。このような〈ケア〉的関係に基づくならば、指導員と子ども、子ども同士は、お互いの合意や納得を図りながら協働の営みとしての学童保育の生活を共に過ごすことになる。学童保育という場において、子どもたちが自らの思いや願いを表明し、支え合いながらその実現がめざされる時、さまざまな体験は初めて生活として紡がれるのである。では、次の事例から、学童保育における子どもの学びについて考えてみよう。

【事例】学童保育における学びとその支援（X県Y市）
　X県Y市にあるZクラブのベテラン指導員（A指導員）は、小学6年生の子どもたちに、「最後の年だけど、何をやりたい？」と聞いた。すると、一人の男の子（Bさん）が、「（O市の）Pクラブとドッヂがしたい！」と言った。Bさんは、特性がありルールの理解が難しく、ドッヂボールに参加するまでに他の子どもたちの協力やたくさんの方の支援が必要な子どもである。また、2年前にY市の代表としてO市の大会に参加した時には、パスのルールについての共通理解ができておらず、納得できないまま大会が終わってしまった。これらのことから、Pクラブの子どもたちと「子ども会議」を開催し、どんな大会にするのか、ルールはどうするかなど、子ども同士で話し合って進めることになった。そして、A指導員は、Zクラブの子どもたちのテーマを「納得できる大会」とし、子どもたちと共有した。
　この会議に向けて、Zクラブの子どもたちは次のような話し合いをしていた。

子ども：相手を挑発するような態度はダメにしようって提案しよう！
A指導員：でも、うちのBさんもそういう態度をよくするよね？

　ここで、もう一度、子どもたちにBさんの特性について確認しようと思い、A指導員は、次のように話した。

A指導員：最近、Bさんはよく寝ているけど、Bさんにとってはいろんなことが強い刺激になってしまう。生活することだけでもしんどくて。心が浮いたり、沈んだりするのが激しいから、挑発的な行動をとってしまう。後から自分はダメだったってわかるけど、心が浮いているときはわからずにしてしまう。

　すると、子どもたちが「BのことをPクラブの人に伝えよう」と言い出した。「俺らも止めるけど、してしまうと思う。してしまうけど、自分でわからなくてしてるって言おう！」

　子どもたちは、会議中も「Bのこと、いつ言う？」と、A指導員に何度も聞いていた。そして、ルールが一通り決まったところで「聞いてください」「お願いがあります」と話しはじめ、Bさんの特性について理解してほしいと訴えた。

　日頃は、Bさんの態度でケンカになったり、「あいつムカつく！」と言ったりしているのに、Pクラブの子どもたちには「わかってください」と言う子どもたちの姿。A指導員は、最近、躁鬱の症状も出はじめているBさんに、この出来事を絶対に伝えようと思った。

【ワーク1】子ども会議の前にA指導員が子どもたちとBさんの特性を確認したことは、なぜ子どもたちに響いたのだろうか。その理由について考えよう。

【ワーク2】A指導員が、Bさんに子ども会議でのZクラブの子どもたちのやり取りを伝えようと思ったのはなぜだろうか。A指導員とBさんの日常的な関わりを想像して考えてみよう。

4. 共生教育を実践する指導員の専門性

　学童保育における「生活づくり」の実践は、指導員と子ども、子ども同士が放課後の場で共生することを起点とする（鈴木，2023）。共にそこに居られる場をめざす学童保育実践において、指導員には子どもと相互主体的な関係を構築することが求められる。指導員によって共同的な遊びや生活のなかでケアされ、また、学童保育所の遊びや生活のあり方を自ら決めることができる存在へと発達するよう教育されることで、子どもたちはエンパワメントされていく（住野，2021）。つまり、学童保育とは、子どもたちのありのままを肯定するケアを前提としつつ、共にそこに居られる場をよりよいものにしていくための意図的な働きかけと場のあり方を更新することによる共生教育の実践である。

　共生という概念は、必ずしも常によい・好ましい関係が続くということではない。むしろ、共生には常にせめぎ合う関係が想定される（斎藤，1988）。せめぎ合いや葛藤のなかで、自らの想いや願いを自覚し、それを意見として表明することや、互いに支え合い寄り添うことを通して、指導員と子ども、子ども同士の間に〈われわれ〉という一人称複数の関係が創られる。ワークで取り上げた子ども同士の関係は、日常的なせめぎ合いや葛藤のプロセスの延長においてBさんを理解し、寄り添うことにつながった学びの機会を示している。

　教育とは、〈主体化された者／未だされてない者〉という区別のもと、後者から前者への変容を要請する思考である（仁平，2018）。それゆえ、教育でめざされる目的は常に未来の先取りによって設定される。しかし、「生活づくり」の過程で設定される目的は、未来の先取りによるものとはならない。指導員は「子どもたちの意見や思い、願いの表明を保障し、それを受けとめ、そのなかに成長・発達の芽を読みとりながら、放課後の生活を子どもと共に創りだしていく」存在である（二宮，2021：205頁）。そのため、子どもとの関係に自らの時間をゆだね、指導員と子どもという関係性が〈われわれ〉という一人称複数のなかへと解消され、目的の共有に至ることがめざされる（矢野，2019）。

　指導員には、子どもとの応答をふまえて自らの関わりの目的や内容を問い

直し続ける「再帰性」が求められる（久田, 2002）。そのため、指導員は、まず実践を通して気になった子どもの行為や発言、さらに、指導員自身の意識や行為に関する実践記録を作成しなければならない。そして、実践記録を指導員間で検討することを通して、自身の実践を省察する。このようなプロセスを繰り返しながら、絶えず子どもに働きかけ続ける存在が学童保育の指導員である。

〔鈴木　瞬〕

第5講　多様なバックグラウンドをもつ子どもたちの学びと生活をどう支援するか？

学習の目標
・学校外の学びの場における環境づくりや支援の方法を理解する。
・多様な大人との関わりが子どもに与える影響を理解する。

1. 学校外の学びの場にはどんな子どもたちが集まるのか

　2015（平成 27）年4月1日に生活困窮者自立支援法が施行された。生活保護に至る前の段階の自立支援策の強化を図るため、生活困窮者に対し、自立相談支援事業の実施、住居確保給付金の支給その他の支援を行うための所要の措置を講ずるものである。そのなかに、生活困窮家庭の子どもへの「学習支援事業」が任意事業として明記された。地方自治体が任意で実施を決めることで、国から事業費の2分の1が補助されるという制度である。必須事業の場合は各自治体で実施する必要があるが、任意事業は各自治体で実施するかどうかを選択できるため、自治体により実施状況には差があった。

　この法律の施行から2年後の 2017（平成 29）年4月に、NPO 法人ダイバーシティ工房は法人主体の自主事業として、無料の学習教室である「プラット無料学習教室」を立ち上げた。利用する子どもたちは、小学校高学年から高校生までと幅広く、特に多い利用者層は中学生である。学校の宿題に取り組む子が多いが学習の習熟度には差がある。同じ中学3年生でも、自分のペースで受験勉強に取り組む子もいれば、アルファベットの小文字の形が定着しておらず、自分の力だけでは学校の教科書を読むことが難しい子もいる。

　子どもたちの多くは一般的な民間の学習塾は利用していないが、それは、家庭の経済的理由だけに限らない。これまでの経験から、学習の機会や学習塾、

また家庭以外の外部の場所への抵抗感が高まっている場合や「お金を払っているから行かないといけない」と子ども自身が心理的な負担を感じてしまう場合もある。学校へ通うことが難しい状況が長く続いていることや、学習に取り組む方法のコツをつかむのが難しいなどの特性により学習への苦手意識が強いことなども関係している。子ども本人や家庭のさまざまな背景によって、無料学習教室に相談が来て、そこから教室の利用につながるケースも数多くある。

　どの子どもたちにも共通しているのは、家庭と学校以外に自分が「行ってもよい」と思える場所を探している、という点である。「プラット無料学習教室」は出欠を取らないため、子どもたちには、「来なくても休むということにはならないよ」と伝えている。久々に来ても、「久しぶりだね」と話すが、来なかった時のことをこちらからは聞かずに接するようにしている。いつ行っても、「こんにちは！」と声をかけられ、名前が呼ばれ、その場に居てよいと思える環境をつくれるよう場づくりの工夫を重ねている。

2. 地域のなかに無料学習教室を開いた経緯

　教室の母体となるNPO法人ダイバーシティ工房は、NPOとして法人化する前を含めて、40年以上、千葉県市川市の地域で学習支援事業を行なってきた。世間で「子ども食堂」が増えはじめた時期に、法人のスタッフと市内の関係機関の有志メンバーでも、2015（平成27）年の秋から2017（平成29）年3月までの期間、公共施設を借りて「子ども食堂」を実施していた。しかし、月に1回と少ない回数での開催では子どもたちの様子を把握したり、関係性をつくったりすることの難しさも感じられた。

　これを受け、当法人の強みである学齢期の子どもを対象に、子どもたちが無料で定期的に通うことができ、自由に過ごしながら学習もできる場所をコンセプトとして、2017（平成29）年4月に、事業の一つとして「プラット無料学習教室」の運営を開始した。事業を無料とした背景には、法人で有料の学習支援を行うなかで感じた疑問があったためである。有料で事業を行う場合には、保護者による契約書のサインが必要となる場合が多い。よって、保護者が子ど

もたちの学習状況に関心をもっていたり、学校外で勉強の機会を与えようと考えたりしなければ、有料事業の利用に辿り着けない。NPO法人を立ち上げてから、当時で5年以上の活動経験で、子どもたち本人だけでなく、保護者や家庭の多様な背景もみえてきていた。そのなかで子ども自身の意思があれば利用できる学習支援事業の必要性を痛感した。よって、それまで立ち上げてきた有料事業とは異なる形式で、学習の機会を必要としている地域の子どもたちと新しく出会う接点をつくるために「プラット無料学習教室」をはじめた。

3. 無料学習教室での子どもたちへの関わりの事例

　無料学習教室を利用してきたたくさんの子どもたちの中から、中学生になって利用を開始し、中学校卒業まで通ったAさんについて紹介する。
　Aさんは、最初は緊張した様子で保護者と一緒に訪れた。保護者と事業の担当スタッフBが話を聞くと、今の学校の学習状況や成績について保護者が把握する余裕がない様子もうかがえた。Aさん本人は、学習に取り組むことへの苦手意識はもっていたが、勉強の機会は必要だと感じていたようで、翌週以降は友達を連れて一緒に利用するようになった。しかし、新しい場に慣れていないこともあり、常に一緒に来る友達の横に座って過ごしていた。そこで、不安そうな様子があることをスタッフ間で共有し、年齢の近い、ボランティアの大学生スタッフCを学習の担当と決めて、Aさんとの関係性をつくっていくことにした。Aさんはそこから1年ほど、スタッフCと関係性をつくりながら通うことで、徐々に場にも馴染んでいき、学習以外のこともスタッフCやスタッフBに話すことができるようになってきた。
　Aさんが中学3年生になったときに、「塾代が高くなるから通っていた有料の塾へ通えなくなった」とスタッフBに話してきた。実はAさんは一般的な塾にも通塾をしていた。しかし、3年生になるタイミングで塾を辞めなければならないことになったという。スタッフBがAさんに、「じゃあここ（無料学習教室）で頑張らないとね」と声をかけると、はっきりと頷く様子があった。1年間の関係構築が功を奏し、担当のスタッフCだけでなく、スタッフB、ま

た中学3年生になってから関わりはじめたスタッフDが担当をする日でも、定期的に通い続け、希望する高校に合格した。進学後も、学業とアルバイトを頑張っていると定期的に連絡を送ってくれている。

　スタッフBは、Aさんが中学卒業まで通うことができた理由の一つに、中学2年生の時から「プラット無料学習教室」に通って、スタッフと関係性を築けていたことを大きな要因としてあげている。中学3年生になるまでに場所に通い慣れて、1学年上の利用者の様子をみていたことで利用を継続していくことのイメージをもつことができたのではないか、と考えている。

> 【ワーク】Aさんの事例から考えてみよう
> 　以下について、まずは個人で書き出してみた後にグループで話し合ってみよう。
> 　① Aさんが「プラット無料学習教室」に通ったことで得られた物理的・心理的サポートにはどんなものがあっただろうか。
> 　② Aさんの保護者・家庭の困り感はどこにあったと考えられるだろうか。

4. 子どもの学びと生活の支援とは

(1) 地域の多様な大人の関わり方と役割

　子どもたちにとって地域の大人は先生でも「偉い人」でもない。一緒に問題をみて考えたり、悩んだりもする。スタッフがスタッフを頼る姿をみせても大丈夫だとボランティアスタッフやインターン生にも伝えている。それは、人に頼るモデルをみせることで、「大人は完璧になんでもできなければならない」というイメージを払拭し、大人になることへの不安感を減らしたり、大人が一人の人として弱みをみせながら関係をつくる姿を伝える機会となっている。

　ボランティアスタッフが活動を継続するなかで、スタッフ同士での連携や子どもとの関わり方のふりかえりも重要になる。ボランティアスタッフの心理

第5講　多様なバックグラウンドをもつ子どもたちの学びと生活をどう支援するか？　147

的な負担を軽減できるように、何かあれば専属のスタッフがフォローに入れる体制にしている。スタッフは、子どもが自分の意思で足を運べる場づくりを共にしていく仲間であり、子どもに寄り添う支援のあり方を共有している。

　そして、子どもたちを支援する大人の役割として大切なのは「待つ」ことである。例えば、あるスタッフは、子どもが自分で学習の課題を出すまでは、急かすことなくゲームや漫画の話を一緒に楽しみ、子どもがカバンから課題を出した時に、「いいね、自分からやる気になって切り替えられたね」と声をかけていた。勉強をやる気になるまで待ち、子どもが自分から話をしたいと思うまで待つ。話しはじめたら終わるまで待って聞くなど、子どもたちに何かを働きかけるよりも、「待つ」ことができる大人の存在が大切だと感じる。学校・家庭でのことについても、子どもたちが話をしたくなるまではこちらから聞かない。じっくり待っている間に、子どもたちの表情をみたり、何を考えていそうかを想像しながら一言だけ声をかけてみることもある。子どもから話を聞くよりも前に、大人側が自己開示をして、好きなことや苦手なことを話して話題にしていくことも多くある。大人らしくしすぎずに一緒に遊んだり、楽しんだりすることで、子どもが安心して話ができる関係性を構築していくきっかけになっている。

（2）　多様なバックグラウンドのある子どもたちと長期で関わる重要性
　子どもたちの多様なバックグラウンド（性格や思想を形成する基盤となる境遇や環境、生い立ち）は、家庭環境、本人の性格、興味関心、学校での友人関係など、多くのことが関係し合っている。また、無料学習教室を利用する子どもたちは、日々の生活のなかで新しい場所や人に出会ったり、未経験のことにチャレンジする機会が少なかったりする場合も多く、それゆえに自分に自信がない様子がみられる子どもたちもいる。自分の意見を他者にじっくり聞いてもらったという肯定的経験が少なく、周囲の人から言われたことに影響を受けて自己評価を決めてしまったり、進路選択をしたりしていることもある。小・中学生の時期は特に、今いる家庭環境から距離を取ることが難しいなかで成長過程にあり、本人の「生い立ち」がさらに形成されている途中でもある。

事例であげたように、勉強は苦手でも学習の機会が必要だと自覚している子は多くいる。しかし他者に学習の様子をみられたり、わからないことを教わったりすることへの抵抗感が高く、関係性ができるまではノートをみせてくれない場合も多くある。周囲の子どもとスタッフの関係性を見聞きしながら、時間をかけて心を開いてもらえるような関わりが必要になる。また、勉強には集中して取り組む姿勢があるが自分からはプライベートな話をしないタイプの子もいる。本人の希望を優先して学習のサポートを中心とした利用が一定期間続くと、「実は…」と家庭の状況を話し出したり、学校生活で嫌な気持ちになったりしたことを吐露してくれるようになることもある。長い期間、同じ場所に定期的に通うことで、ある日、自分から少しずつ話しかけてくれるようになる子もいる。定期的に通って安定した関わりが増えていくことで、自分の気持ちを素直に話せるようになってくる、という様子は多くの子どもたちに共通する点である。

また、場合によっては発達障害のある子どもと関わるための基礎知識をもとに、個別の関わり方を検討していく必要もある。子ども自身が解決したい課題が何か、それを解決するためにどんなサポートがあるとよいかを客観的に考えて、支援の構造を組み立てることもスタッフ間で定期的に行なっている。

無料学習教室を卒業した子どもたちのなかには、高校生になり今度は自分が毎週ボランティアスタッフとして活動に参加してくれる子どもたちもいる。地域のなかに開かれている場があることは、時間がある時に顔を出しやすく、進学や卒業などの節目に立ち寄ってもらうことができ、子どもたちとのつながりを継続できる強みとなっている。

多様なバックグラウンドのある子どもたちが、大人たちと長期的な関わりをもつことは、その子たちにとって人と人との関係性構築の機会となる。また、子ども自身が選択肢をもち、自分の選択を承認されることで、自らの経験を前向きにとらえる出来事を積み重ねる時間となっていく。その経験を増やしていくことが、子どもの自信につながり、成長の糧になっていくと考えている。

〔池田　春奈〕

第6講 外国ルーツの子ども・若者たちの明るい将来ビジョンをどう育むか？

学習の目標
・外国ルーツの子ども・若者が抱える課題と必要な支援を理解する。
・地域・学校における文化的マジョリティに対する国際理解・多文化共生のマインドづくりの重要性を理解する。

1. 外国ルーツの子ども・若者とは

　みなさんは、「外国ルーツの子ども・若者」と聞いて、どんな人物像を思い浮かべるだろうか。自分とは異なる民族や人種で、日本語がたどたどしく、日本以外の国籍をもち、名前にカタカナが含まれ、親のいずれかが外国人というイメージだろうか。もしかすると、同じ教室で過ごした経験のある人ならば、見た目は異なるものの、生まれも育ちも日本で、流ちょうな日本語を話し、周囲とも問題なく馴染んでいた同級生を思い浮かべる人もいるかもしれない。

　いまや日本に暮らす外国人は2023（令和5）年末時点で340万人を超え、出身国は200か国・地域に迫り、まさに日本は多種多様な人びとが暮らす社会となっている。また、国の政策のもと、労働力として招き入れている人びとも年々増加している実態がある。なお本講では、外国籍を有する外国人はじめ、どの国籍をもつか否かにかかわらず外国につながりをもつ人を総じて「外国ルーツ」の人と呼ぶこととする。

　外国ルーツの子どもや若者が、日本で暮らす背景は実にさまざまである。日本での就労や留学を選んだ両親に連れられて来日したり、日本で生まれたり、あるいは母国の祖父母などに育てられていたが日本人と再婚した親に呼び寄せられたり、何らかの事情により母国で暮らせなくなり難民申請のため来日

した家族に連れられたりなどが考えられる。日本の学校に通う人もいれば、中華学校や朝鮮学校、ブラジル人学校などの外国人学校、民族学校やインターナショナルスクールなどに通う人もいる。

　日本に暮らす外国人の約半数は、永住者や定住者、日本人の配偶者など、地位や身分によって与えられる在留資格をもつ人たちであり、定住傾向が顕著である。そして、子どもたちを支援するためには、いずれの在留資格をもつかによって将来の日本国内での就労の可否など、認められる活動や条件が異なる現状を理解しておくことも重要である。

　また、日本国籍をもつ外国ルーツの子どもや若者もいる。いわゆる国際結婚家庭の子どもなどがそれにあたる。人口動態統計によると、日本での国際結婚は、長らく男性が日本人で女性が外国人という夫婦が全体の約7割を超えていた[1]。家庭内での子どもの養育は母親が主に役割を担っていることが多いため、母親が日本語に堪能ではないと、日本人家庭に比べて家庭での学習サポートが乏しく、日本語の習得や学習面で課題をもつことがある。例えば、小学校の国語の宿題で出される音読などは、誤った漢字の読み方をしても親から正してもらえなかったり、日本と母国では算数の筆算のやり方が異なる場合、学校で教わったことと親から教わることが異なり混乱したりといった事例があげられる。また、日本独自の文化的なもの、例えば、持ち物リストにある「給食セット」は、巾着袋のなかにコップ、ナプキン、お箸を入れたものだと一般的にイメージできるが、外国人保護者のなかにはそれが何かわからない人もいるため、前もっての丁寧な説明が必要となってくる。

2. 外国ルーツの子ども・若者へのエンパワメント

　外国ルーツの子どもたちにとって最も大きな課題となるのは日本語の習得である。2019（令和元）年6月に国は日本語教育の推進に関する法律を策定し、それに基づき、文部科学省もJSLカリキュラム（Japanese as a Second Language）の活用などを推進しはじめた。学校では従来からの取り出し授業や加配教員、母語支援員の配置をはじめ、日本語指導が必要な子どもたちに

「特別の教育課程」として個別の指導計画を立てるなど、日本語を用いて学校生活を営み、学習に取り組めるよう対応している。また、NPOや地域のボランティア団体などが、学習支援教室を開講するなどして、子どもたちの学習支援や悩みごとの相談にも対応する居場所づくりの役割も担っている。

公益財団法人滋賀県国際協会は、外国ルーツの子どもたちをめぐる現場からの声を集め、みえてきた課題に対して事業を行なっている。その課題とは、一つめは子どもたちの進路に関する情報の少なさであり、対策として、毎年、通訳や翻訳資料を用意した多言語での進路ガイダンスを開催している。二つめには、子どもや若者たちの身近に手本となる存在の少なさ（ロールモデルの乏しさ）がある。以下に、その課題に対応するキャリア教育の事例を紹介する。

外国ルーツの子どもたちの進学率は以前より上がってきているが（文部科学省，2024）[2]、中途退学するケースも少なくなく、高校卒業後の姿を描く力が求められる。外国人家庭の子どもの場合、最も身近なモデルは親であるが、多くは間接雇用の派遣労働者であるため、難しい勉強をしても、自らも結局は派遣労働の職に就くしかないと諦めるような言葉を発する外国ルーツの高校生の姿がある。彼女／彼らが思いつく職業の選択肢が狭いこともあり、努力が実を結び日本社会のなかで大学生となったり、社会人として自立した生活を歩んでいたりする先輩たちの姿に直接ふれさせたいと考えた。日本のさまざまな職種の職業人や、自らも外国にルーツをもつゲストを招き、就職フェアのように個々にブースを設け、直接対話する機会を提供した。それにより、子どもたちにとっては大学や専門学校への進学の道や、パティシエ、美容師、介護士、通訳など、さまざまな職業を知ることで進路選択の幅が広がった。また保護者にとっては自らの子どもの可能性についても認識を新たにする機会となった。

【ワーク1】外国ルーツの子どもや若者が進路を描くうえで抱える課題とは？
　外国ルーツの子どもや若者が将来のビジョンを描くうえで課題となることは何だろうか。課題の背景や要因についても考えよう。

3. 多文化共生に向けた文化的マジョリティの国際理解促進

　すべての人がその人らしくありのままで、安心安全に暮らせる多文化共生社会を実現するためには、従来その土地に住んでいる人をはじめとした文化的マジョリティが、文化的マイノリティの人たちに対して一方的な同化を強いるのではなく、互いに尊重・変化しあいながら共生の具体的方策を創造することが求められる。そうした価値観や態度を培うためには、まずは、文化的マイノリティの背景や文化に関心を向け、知る必要がある。外国人住民が人口の2％あまりという日本では、多文化共生の価値観や態度は自然に培われるものではないため、明確なねらいを定めた教育や啓発活動が必要である。そのために、滋賀県国際協会では、文化的マイノリティの立場を体験し、理解するために、「『言葉がわからない』体験ゲーム　何が起こった？（震災編）」というワークショップを実施している（国際教育研究会 Glocal net Shiga, 2011）。

　このワークショップのねらいは、言葉がわからない場所で震災に遭うとどのような気持ちになるのかを疑似体験する教材を使い、不安やもどかしさを体験することで、文化的マイノリティの気持ちを想像し、共感につなげることである。さらに、命を守るために必要な情報がすべての人たちに正しく伝わるために求められる方策や工夫について当事者にインタビューを行ったり、できることは何かを考えたりしている。ある小学校では、毎年4年生の総合的な学習の時間に「防災教育×国際教育」も実施している。ワークショップの後、子どもたちが自分のまちのなかで、外国人に配慮されているところ、配慮が足りないところなどについて調べ学習を行い、最後は子どもたちの気づきを授業参観の場で保護者などを前にプレゼンテーションをしている。

　自らが文化的マジョリティに属していると、日常のなかで文化的マイノリティの気持ちを想像することは難しく、外国ルーツの人たちの抱える課題に対して他人事としてしか感じられないか、もしくは気づくことがない。それでは、課題を解決することに関心を寄せることもないだろう。しかし、いまや日本は多種多様な人が暮らす社会であり、さらに多様性が尊重される社会をめざ

していかなくてはならないため、共感を促すような授業は今後ますます重要となる。

> 【ワーク2】地域に暮らす外国ルーツの人びとを知るために
>   実際に当事者の声を聴くために、グループで身近な外国人コミュニティと交流できる場所や外国人が集う場所をあげてみよう。

4. 教育関係者に求められること
――外国ルーツの子ども・若者が明るい将来ビジョンを描けるように

　まず押さえておきたいこととして、日本が批准する国際人権規約や子どもの権利条約では、すべての子どもに義務教育が提供されるとされている。つまり、外国ルーツの子どもたちはお客様ではなく、日本人と同様に自ら望む学校に在籍し、教育を身につけることが保障され、日本で、さらには世界で活躍できる人材として育まれなくてはならないということである。

　同調圧力が強い日本では、「ちがい」に対して否定的で、「ちがい」に目を向けがちである。しかしながら、本来、人も文化も多様であり、多様だからこそ豊かでおもしろいのである。さまざまな環境にあって多様性があることで、互いのよいところを引き出し、取り入れていくことでイノベーションを起こし、社会的に高いレジリエンスを備えることができる。そのため、「ちがい」に対してポジティブなイメージをもつことが大切である。外国ルーツの子どもたちの「ちがい」や「できない」ことにばかり目を向けるのではなく、「同じこと」「できること」をみつけたり増やしたりしながら成功体験を積み重ねられるような指導をすることが理想である。次代を担う子どもたちや若者は、国籍や人種、文化の「ちがい」などにかかわらず、共に生きていけるよう知識や姿勢を育んでいかなくてはならない。そのためには、まず大人が子どもたちの手本として、やわらかな頭と寛容な心で「ちがい」を尊重し、個性を認め、強みを伸ばすよう意識することが求められるだろう。

日本社会で立派に活躍する外国ルーツの若者たちからよく耳にするのは、「あの人がいてくれたから、今の自分がある」という言葉だ。「あの人」とは、学校の先生、日本語教室や学習支援教室のボランティア、部活やスポーツの指導者、先輩などと実にさまざまであるが、常に寄り添い、彼女／彼らの力を信じ、見守り励まし続けた人たちである。誰かに支えてもらった経験のある若者たちは、今度は自らが支える立場となって、先輩となり親へと成長している。こうした人たちの輪や好循環が地域で広がっていくためにも、一人でも多くの伴走者が増えることを、そしてさまざまな立場の伴走者が連携してチームとなって支えていくことを期待したい。

　2023年の夏、ある交流会で聞いたブラジル人学校の高校生の言葉が胸に刺さった。「将来、自分に子どもができても、日本の学校には通わせたくない」。この生徒は、小中学校は日本の公立学校で過ごしたが、いじめや孤立に耐え切れなくなり、毎日片道3時間かけてブラジル人学校に通っているという。この話を聞いた日系ブラジル人の相談員は、「30年前と状況がまったく変わっていないのはとても残念だ」と落胆していた。また、現在、公立学校に通う高校生の家族からは、「進路指導の先生に大学進学希望と伝えているのに、就職を勧められて憤っている」といった事例もいまだに耳に入ってくる。このような思いをする外国ルーツの子どもや若者たちをこれ以上生み出さないためには、どうすればよいのか。今後ますますグローバル化が進み、さらに多様な国籍や文化背景をもつ人びとと共に暮らしていく日本で、すべての人たちにとって暮らしやすい社会となるためには、何が必要か、自分たちには何ができるのか。特に教育に携わる方たちには、子どもたちの明るい未来のためにできることや取り組むべきことを、これからも問い続け、一つずつ実践してもらいたい。

〔大森　容子〕

注
1)　「人口動態調査」の国際結婚の推移をみると、2020（令和2）年以降、約6割になったが、1980年初頭から2019（令和元）年まで概ね7割以上である。
2)　ただし、日本語に課題を抱えていない子どもたちや公立学校に在籍していない子どもたちの調査がなされておらず、日本にいる外国ルーツの子どもたち全体の進学率は不明である。

第7講 地域と学校の「協働」をどう深めるか？

学習の目標
・地域と学校を結ぶコーディネーターの役割と活動内容を理解する。
・地域と学校の協働を育むコーディネーターの成長を促す方法を理解する。

1. 地域学校協働活動とは何か

　2015（平成27）年12月に中央教育審議会は、「新しい時代の教育や地方創生の実現に向けた学校と地域の連携・協働の在り方と今後の推進方策について（答申）」を取りまとめ、従来の学校支援地域本部などの学校と地域の連携体制を基盤に、「地域学校協働本部」を全国的に整備することを提言した。これを受け、文部科学省は2016（平成28）年に「『次世代の学校・地域』創生プラン」を策定し、各地域で円滑に「地域学校協働活動」（以下では、協働活動）を推進するガイドライン（参考の手引き）を策定した。ここでいう協働活動とは、「幅広い地域住民等の参画を得て、地域全体で子供たちの学びや成長を支えるとともに、『学校を核とした地域づくり』を目指して、地域と学校が相互にパートナーとして連携・協働して行う様々な活動」をさす（文部科学省，2017：3頁）。

　2017（平成29）年3月に改正された社会教育法で、協働活動の推進が教育委員会の役割として法的に位置づけられ、「地域学校協働活動推進員」を教育委員会が委嘱できることになった（第9条の7）。推進員には、協働活動の円滑で効果的な実施を図るため、社会的信望があり、協働活動の推進に熱意と識見を有するものを委嘱すると規定されている。本講では正式な委嘱を受けていないが、学校と地域をつなぐ役割のものも含めて「コーディネーター」と総称する。

2024（令和6）年5月現在で、全国の公立学校で地域学校協働本部がカバーする学校数は21,935校（63.9%）に及び、コーディネーターとして全国に34,613人が配置されている（文部科学省，2024）。現在は、協働活動の推進と、学校運営協議会の設置という二つの軸により、「地域とともにある学校」の実現がめざされている段階にある。

2. 地域と学校の協働を推進するコーディネーターの役割

　ここでコーディネーターを担う人の職種や職務内容をみていく。職種は、「退職教職員」（20.3%）、「社会教育主事以外の行政職員」（18.6%）、「元PTA関係者」（16.3%）、「現PTA関係者」（12.2%）が多く、それ以外に自治会関係者や民生委員・児童委員なども任用されている（文部科学省生涯学習政策局社会教育課ほか，2017）。職務の内容は多岐にわたるが、市区町村の調査では「放課後等における学習・体験活動（放課後子供教室等）」（50.4%）、「学校に対する多様な支援・協力活動」（49.5%）、「地域住民等と学校が協働して実施する学習活動（郷土学習、地域課題解決型学習、校外活動学習、キャリア教育等）」（43.3%）、「企業や団体、大学等の外部人材等を活用した教育支援活動（土曜学習応援団等）」（28.8%）が上位にあがる（文部科学省総合教育政策局地域学習推進課ほか，2020）。

　コーディネーターの主な役割は、管理職や担当教員が取りまとめる学校側の意見やニーズと、地域の教育資源やニーズを整理して適切なマッチングを行い、学校と地域の「橋渡し」をすることである。そのため、コーディネーターには、学校の教育目標や教育課程への理解が求められるだけでなく、保護者の考えや地域住民の意見を取りまとめ、学校の教育活動に資する外部人材（学校支援ボランティア含む）を学校に紹介することが期待される。

　さらに現在の協働活動では、学習指導や生徒指導、探究活動、放課後活動への関わりに加え、人口構造と社会構造の変化を背景にして「学校を核とした地域づくり」や、貧困対策をはじめとした「ケアする学校づくり」（柏木，2020）も求められている。前者については、特に高校段階で地域との協働に

より、持続可能な地域づくりを進めることが期待され、高校と地域の協働の基盤を築くコーディネート機能が重要とされる（文部科学省, 2020）。後者に関しては、コーディネーターが行政の担当部局や専門機関、NPOなどとの架け橋となって、学校内で子どもたちの居場所づくりや学習支援・生活支援を進めるとともに、地域の支援の輪につなげることが求められる。このように、コーディネーターには学校と地域の「橋渡し」の役割と、地域と学校の双方の変化を生み出す「協働の基盤づくり」の役割が期待されている。地域コーディネーターに求められる役割を中心に、学校と地域の関係をまとめると、**図Ⅲ-4**のようになる。

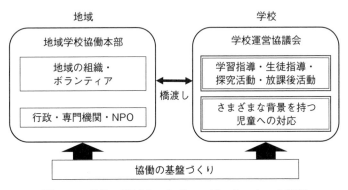

図Ⅲ-4　学校・地域をつなぐコーディネーターの役割
出典：筆者作成。

　コーディネーターは自らの経験やネットワークを活用して、学校と地域の橋渡しや、協働の基盤づくりを進めるが、アプローチの方法はそれぞれ異なる。地域での活動経験が豊富な場合、学校への入り方や接し方を熟知しているため、自らのネットワークを活用して協働活動を積極的に進めることができる。また元教員の場合、学校の事情は知悉していても地域活動の経験が少ない場合もあるため、協働活動を通じた地域の人脈づくりを進めながら学校と地域との接点を探る。地域のネットワークが少ないコーディネーターは、学校のニーズに独力で応えることが難しいため、公民館の学級や講座に参加したり、

地域学校協働本部のメンバーがもつ人脈を活用したりして、徐々にネットワークを広げる。

協働活動の時期ごとにみると、初期は学校側の協力姿勢が消極的で、相互理解が不足している場合も多いため、学校に適切な人材を紹介し、外部人材が学校に入る際の障壁を低くして、良好な関係を築けるかがポイントになる。学校側の意向をふまえてボランティアの可能性を引き出し、授業の内容や活動の幅を広げることも必要である（西村・西村，2016）。学校と地域の関係がある程度築かれた後には、その関係性を維持し、よりよいものに組み替えることが求められる。例えば、学校側に遠慮せず、外部人材が関わる授業の改善点や要望を伝えたり、協力者に感謝の言葉だけでなく、子どもたちのその後の変化をフィードバックしたりするなど、日々の働きかけが大切になる（荻野，2022，6章）。

3. 地域学校協働活動の深まりを生み出す方法

コーディネーターは協働活動の蓄積を通じて、学校と地域との長期的な信頼関係を構築するため、継続的に活動できることが望ましい。しかし、一人が10年以上の長期にわたりコーディネートを務めるようになると、職務の「属人化」（早坂，2023）が生じやすくなり、後継者を探すことが困難になる。実際にコーディネーターを対象にした調査では、「後継者育成」が、協働活動の最大の課題としてあげられている（文部科学省生涯学習政策局社会教育課ほか，2017）。そのため、コーディネーターが入れ替わりつつも、学校と地域の良好な関係を途切れさせず、さらに深めていける仕組みを考える必要がある。

コーディネーターの職務は多岐にわたり、定型化して文書で引き継ぐことは困難なため、日常的に知識や情報の共有を進め、協働活動の質を高めることが重要となる。このコーディネーターの活動をマネジメントする役割を担うのが、「統括コーディネーター（統括的な地域学校協働活動推進員）」である。統括コーディネーターは、コーディネーター間の情報共有や調整を進め、相談を受けて助言を行い、研修内容を検討するなど、コーディネーターの力量形成を

中心に、活動を支援する（井上，2022）。統括コーディネーターは、市区町村の4割程度に配置されており（文部科学省総合教育政策局地域学習推進課ほか，2020）、コーディネーターの経験が豊かなものを任命することが多い。ここで、統括コーディネーターが中心になり、コーディネーター同士の学び合いを進める事例を通じて（荻野，2024）、協働活動の深まりを生み出す方法を考えてみよう。

【事例】コーディネーター同士の学び合いの機会（大分県佐伯市）

　大分県佐伯市では、2008（平成20）年度から「協育ネットワーク構築推進事業」に取り組み、中学校区単位で1名の校区コーディネーターを公民館に配置してきた。2010年度以降、対象校区を順次拡大し、2024（令和6）年現在、12校区に14名のコーディネーターを配置している。

　15年以上の長期にわたり、この事業が継続するにつれて、学校と地域の「協働」という考え方が地域に浸透し、学校側の積極的な取組みもみられるようになった。同時にコーディネーターが入れ替わる校区も増え、活動の継続性をどう担保するかが課題となってきた。コーディネーターの活動には学校の事情や地域の特色も影響するため、前任者からの推薦を受けて後任のコーディネーターを選出している。また、経験豊かな2名のコーディネーターを統括コーディネーターに任命し、新任のコーディネーターに助言や支援をできる体制を整え、学校と地域の関係を途切れさせないよう工夫してきた。

　さらに、コーディネーター同士の学び合いの機会を設けていることが同市の取組みの特徴である。担当の社会教育課が主催する年3回のコーディネーター部会に加え、さらに年3回、統括コーディネーターが中心になって自主研修会を開催している。この研修会を立ち上げた目的を、統括コーディネーターは次のように述べる。「新任のコーディネーターさんが、何すりゃいいのかわからんようになったとか言いながら、ぽろっと弱音を吐いたんですね。で、別のコーディネーターさんも、私、

泣かされとるとかいうような感じになって。あ、こりゃいかんと。こりゃみんなで、コーディネーター、本当はどんなものかっつうの、やっぱ毎回情報交換して、意識を新たにして、モチベーションを高めていくような努力をせんといかんわ」。

　自主研修会では、統括コーディネーターが全体進行を担い、それぞれの悩みや考えを引き出す。各校区の状況や、お互いの経験を話し、考えを述べ合う場面はあるが、どう行動するべきかという正解が示されることはない。研修会に参加するコーディネーターたちは、他の校区の取組みを聞くことは「すごい勉強になり」「参考になるところが非常に多い」と述べる。他のコーディネーターの話のなかに、自分一人で考えていてもわからないことへの「ちょっとした気づき」があり、「自分なりに」考える契機になるという。

【ワーク1】新任のコーディネーターにとって、このようなコーディネーター同士の学び合いの機会が設けられていることのメリットとは何だろうか。
【ワーク2】なぜ、この会のなかで「正解が示されることはない」のだろうか。その理由について考えてみよう。

4. 地域と学校の「協働」の推進役の成長

　地域と学校の協働を深めるには、職務のなかでのコーディネーターの成長が欠かせない。教員や住民として豊富な「熱意と識見」があった場合にも、それを実際の活動に直接応用するのではなく、学校や地域の状況に合わせてうまく引き出すことが求められる（西村・西村，2016）。また、自身のつながりの限界を知り、活動に合わせて常に新たな人間関係を築くことも重要である。過去の経験やネットワークは協働活動を進めるために不可欠な資源だが、文脈に合わせてその資源を有効活用できることが、コーディネーターの専門性といえ

る。

　コーディネーターの任期が長くなった場合、次のコーディネーターに自らの活動を引き継ぐことも意識する必要がある。前述のとおり、コーディネーターの活動は定型的なものでないため、活動の進め方や心構えをマニュアルなどにして引き継ぐことは難しい。その代わりに、後任のコーディネーターと共に活動したり、学び合いの機会を設けたりすることで、協働活動の趣旨や自分たちの果たす役割を共に考え、活動の楽しさや難しさに関する「共感的理解」を引き出すことができる（西村・西村, 2019）。前任者と共に活動することが難しい場合には、自治体内や自治体間で開催される学び合いの機会に参加し、コーディネーター同士で情報を共有し、自らの担当する校区の状況を客観視し、自身のもつ経験やネットワークを校区の状況に合わせて活用できる力を高めることが重要になる。

〔荻野　亮吾〕

第Ⅲ部　参考文献・資料

【1講】

上田真弓・丹間康仁（2024）「うらほろスタイル発展の取組（休眠預金活用（地域の担い手育成）事業）」うらほろフォーラム 2024、発表資料.

黄順姫（2007）『同窓会の社会学 ── 学校的身体文化・信頼・ネットワーク』世界思想社.

佐藤一子（2015）「地域学習の思想と方法」佐藤一子編『地域学習の創造 ── 地域再生への学びを拓く』東京大学出版会, 1-23 頁.

東井義雄（1957）『村を育てる学力』明治図書.

宮前耕史・平岡俊一・安井智恵・添田祥史（2017）『持続可能な地域づくりと学校 ── 地域創造型教師のために』ぎょうせい.

山内道雄・岩本悠・田中輝美（2015）『未来を変えた島の学校 ── 隠岐島前発ふるさと再興への挑戦』岩波書店.

渡辺裕（2010）『歌う国民 ── 唱歌、校歌、うたごえ』中央公論新社.

【2講】

安部芳絵（2010）『子ども支援学研究の視座』学文社.

日本財団（2022）「18 歳意識調査『第 46 回 国や社会に対する意識（6 カ国調査）』報告書」.

【3講】

ゲルモン, S., ホランド, B. A., ドリスコル, A., スプリング, A. & ケリガン, S.（2015）『社会参画する大学と市民学習 ── アセスメントの原理と技法』（山田一隆監訳）学文社.

高知大学ホームページ「学部・大学院等の設置計画に関する情報」（https://www.kochi-u.ac.jp/outline/settikeikaku.html）

斉藤雅洋（2022）「地域系・経営系学部における『社会教育士』養成課程の新設と今後の展望」『社会教育職員研究』29 号, 5-8 頁.

松田剛典・佐伯勇・木村亮介（2019）『大学生のためのキャリアデザイン　はじめての課題解決型プロジェクト』ミネルヴァ書房.

宮本常一・安渓遊地（2008）『調査されるという迷惑 ── フィールドに出る前に読んでおく本』みずのわ出版.

【4講】

明石要一・川上敬二郎編（2005）『子どもの放課後改革がなぜ必要か』明治図書.

今井悠介（2024）『体験格差』講談社.
大塚達男（1986）『学童保育と子どもの成長 — 生活づくりの視点』一声社.
垣内国光（2021）「生活保障としての学童保育」日本学童保育学会編『学童保育研究の課題と展望 — 日本学童保育学会設立10周年記念誌』明誠書林, 13-29頁.
斎藤寛（1988）「せめぎあう共生 —〈分けない＝くくらない〉ということ」岡村達雄編『現代の教育理論』社会評論社, 331-363頁.
鈴木瞬（2023）「『学童の指導員になる』とはどういうことか」田中一将・鈴木瞬・中山芳一『学童保育指導員になる、ということ。— 子どももおとなも育つ放課後』かもがわ出版, 157-210頁.
住野好久（2021）「学童保育と学校教育の現在と未来」日本学童保育学会編『学童保育研究の課題と展望 — 日本学童保育学会設立10周年記念誌』明誠書林, 31-47頁.
二宮衆一（2012）「学童保育実践の特質とその構造 —『生活づくり』の歴史的変遷をたどりながら」日本学童保育学会編『現代日本の学童保育』旬報社, 169-195頁.
二宮衆一（2021）「今日の子どもたちの発達保障と学童保育実践」日本学童保育学会編『学童保育研究の課題と展望 — 日本学童保育学会設立10周年記念誌』明誠書林, 191-207頁.
仁平典宏（2018）「〈教育〉の論理・〈無為〉の論理 — 生政治の変容の中で」『中国四国教育学会教育学研究ジャーナル』22号, 43-49頁.
浜銀総合研究所（2021）『令和2年度「体験活動等を通じた青少年自立支援プロジェクト」青少年の体験活動の推進に関する調査研究 報告書』.
久田敏彦（1993）「教育的関係の成立と指導概念」大阪保育研究所編『学童保育の生活と指導』一声社, 51-69頁.
久田敏彦（2002）「学童保育における指導員の指導性 — 関係行為としての教育実践の視点から」『学童保育研究』3号, 97-108頁.
放課後児童対策に関する専門委員会（2018）『総合的な放課後児童対策に向けて（中間とりまとめ）』.
矢野博史（2019）「目的的行為としての〈教える〉と〈ケア〉の接続」坂越正樹監修・丸山恭司・山名淳編『教育的関係の解釈学』東信堂, 126-139頁.

【6講】

文部科学省（2024）「令和5年度 日本語指導が必要な児童生徒の受入状況等に関する調査」.
国際教育研究会 Glocal net Shiga（2011）『「言葉がわからない」体験ゲーム 何が起こった？（震災編）』公益財団法人滋賀県国際協会.

【7講】

井上尚子（2022）「地域学校協働活動における統括コーディネーターの役割」『日本生涯教育学

会年報』43号, 77-93頁.

荻野亮吾（2022）『地域社会のつくり方 ── 社会関係資本の醸成に向けた教育学からのアプローチ』勁草書房.

荻野亮吾（2024）「学校と地域の協働を紡ぐコーディネーターの学び合い ── 大分県佐伯市の『協育』ネットワーク事業を事例にして」『社会教育』938号, 6-13頁.

柏木智子（2020）『子どもの貧困と「ケアする学校」づくり ── カリキュラム・学習環境・地域との連携から考える』明石書店.

西村彩恵・西村吉弘（2016）「学校支援活動における意味づけの重要性 ── 地域コーディネーターの活動の展開に着目して」『川村学園女子大学研究紀要』27巻2号, 51-71頁.

西村吉弘・西村彩恵（2019）「地域学校協働活動におけるコーディネーターの組織運営と後継者育成 ── 宮城県仙台市を事例に」『東洋大学教養センター紀要』1巻, 15-25頁.

早坂淳（2023）「コミュニティ・スクールはいかにして持続可能か ── 地域コーディネーターの影響と課題に着目して」『教育方法学研究』19号, 27-40頁.

文部科学省（2017）『地域学校協働活動の推進に向けたガイドライン ── 参考の手引き』.

文部科学省（2020）『高校と地域をつなぐコーディネート機能の充実に向けて ── 社会に開かれた教育課程と高校を核とした地方創生の実現を目指して』三菱UFJリサーチ＆コンサルティング.

文部科学省（2024）「令和6年度コミュニティ・スクール及び地域学校協働活動実施状況調査の結果（概要）」.

文部科学省生涯学習政策局社会教育課・国立教育政策研究所社会教育実践研究センター（2017）「平成27年度地域学校協働活動の実施状況アンケート調査報告書」.

文部科学省総合教育政策局地域学習推進課・国立教育政策研究所社会教育実践研究センター（2020）「平成30年度地域学校協働活動等の実施状況調査報告書」.

第Ⅲ部　さらに学びを深める資料

【1講】
佐藤一子編（2015）『地域学習の創造 ── 地域再生への学びを拓く』東京大学出版会.
　　地域学習の理論的・歴史的な枠組みをふまえながら、国内外で取り組まれてきた社会教育の優れた実践を集めている。地域の課題解決と再生に向けた人びとの学習やネットワークの意義、それを支えるプロセスや構造が描かれている。

宮前耕史・平岡俊一・安井智恵・添田祥史（2017）『持続可能な地域づくりと学校 ― 地域創造型教師のために』ぎょうせい．

　地域の活用や地域への参加にとどまらず、地域と学校の連携・協働を通して地域課題の解決主体を育てていく「地域創造型教師」のあり方を論じている。四つの事例を紹介し、少子化や過疎化の進む地域での未来志向の教育を展望している。

【2講】
唐木清志（2008）『子どもの社会参加と社会科教育 ― 日本型サービス・ラーニングの構想』東洋館出版社．

　社会科教育をベースにした書籍ではあるが、子どもが地域や社会の問題解決に取り組む学習をどのように設計するか、またその実際はどのようなものであるか、詳細に紹介されている。

【4講】
鈴木瞬（2020）『子どもの放課後支援の社会学』学文社．

　「放課後子どもプラン」から「放課後子ども総合プラン」にかけて、放課後子ども教室と放課後児童クラブの間で生じる教育と福祉のクロスボーダーの課題を、行政レベルと実践レベルの両面から明らかにした文献である。

日本学童保育学会（2021）『学童保育研究の課題と展望 ― 日本学童保育学会設立10周年記念誌』明誠書林．

　2010年に発足した日本学童保育学会が10年間の研究蓄積をふまえて、その成果と課題を明らかにした今後の研究発展の基礎となる論文集である。学童保育について学びはじめるとき、最初に読むべき一冊である。

【6講】
「外国につながる子どもたちの物語」編集委員会編（2009）『まんが　クラスメイトは外国人』明石書店．

　さまざまなルーツをもつ子どもたちがどのように日本に住み、どのような問題と直面しているのかを考える漫画。同タイトルの続編『入門編』2013年、『課題編』2020年では、「ハーフ」、ヘイトスピーチ、移民政策、貧困、戦争責任などさまざまな社会問題・課題を事例に基づくストーリーにのせて描き出している。

第 IV 部

地域に持続可能な実践を
どうつくりだすか？

第Ⅳ部　解説

みなさんは、SDGs（持続可能な開発目標）という言葉をご存じだろうか。多くの方がカラフルな17の目標を目にしたことがあるだろう。この各目標の根底には「誰一人取り残さない」という原則がある。将来の社会を一部の人びとの手に委ねるのではなく、誰一人社会から取り残すことなく、共に持続可能な社会を築くために、共生や包摂という理念を大切にする考え方である。

ところが、実際の地域社会には社会から排除され、学びから取り残されている人びとが数多く存在する。SDGsの実現とは、地域社会の現実の困難な状況に向き合い、息の長いプロセスをもってその解決に取り組もうとするものである。この第Ⅳ部では、地域社会の日々の学習実践に焦点をあて、実践を阻む要因と持続可能な学び合いを地域にもたらすためのアプローチを学ぶ。

前半の3講は、感染症の流行や公害、災害に、学びを通じてどう向き合うかを取り扱う。社会的に困難な出来事が生じると、私たちは生活の維持・再建を重視するあまり、学ぶことを後回しにしがちになる。この3講では、困難な時だからこそ、対話を通じた学びの実践が大切になることを学ぶ。

まず、第1講「**学びを止めないためにどんな支援が大切か？**」では、大規模な感染症流行に社会教育施設がどう向き合うべきかを考える。生活（生命）優先の掛け声のもと、私たちの学びは後回しにされたが、その状況でも「学びを止めない」ための支援に取り組んだ施設が存在した。本講では、公民館が地域の人びとが置かれた状況に向き合い、学びへのニーズを汲み取る方法を学ぶ。

第2講「**当事者の経験をどう言語化するか？**」では、戦争や自然災害、公害の被害などの「困難な過去」への向き合い方を学ぶ。「困難な過去」は、地域に分断を生じさせやすいため、過去に直接焦点を当てるのではなく、地域の歴史を掘り起こし、語り合う実践を通じて過去に向き合う方法が望ましい。

第3講「**被災地における支援をどう継続するか？**」では、災害復興の支援について扱う。被災直後の仮暮らし期にはさまざまな生活上の課題が生じるが、外部からの支援ですべての課題を解決するのは難しい。そこで居住環境点検などの地域の実態を把握する活動を通じて、課題解決に取り組むことが求められ

る。加えて、その後の住宅復興後には、仮暮らし期に学んだことを地域の資産（アセット）として残すアプローチが必要になることも学ぶ。

　これに続く中盤の3講では、学びを社会的に弱い立場の人びとの自助努力に委ねるのではなく、当事者の置かれた状況を理解し、その意思を尊重しながら、継続的な関係を築く支援方法を学ぶ。第4講「**障害者の学習を地域でどう支え続けるか？**」では、障害をもつことが、生活の基盤を築き、さまざまな経験を積むことを阻害する状況と、障害から生じる課題を自己責任とする社会の問題を描いている。この状況に対して、障害者と支援者双方に求められる関係の築き方を学ぶ。第5講「**高齢者を中心とした地域活動をどう継続するか？**」では、健康状態や人間関係への不安、年齢に基づく偏見など、高齢者の社会参加を阻む要因を確認したうえで、どのようにすれば、この壁を乗り越え、地域での活動を通じて力量の形成（エンパワメント）がなされるかを検討する。第6講「**子育て支援を通じて地域のつながりをどう育むか？**」では、子育て家庭が直面する「孤育て」の問題に関して、当事者と支援者の間に「子育ての共同」を築き、子育て家庭が一方的に支えられるだけでなく、お互い様の感覚や「世代性」を身につけていく大切さを学ぶ。

　最後の2講では、持続可能な学びに長期的に向き合うアプローチを扱う。第7講「**ユースワーカーの省察をどう支援するか？**」では、子ども・若者（ユース）という揺らぎのある世代に接するユースワーカーが、どのように力量を向上させるかを描く。ユースへの対応の背景にある見立てや対応の意図を掘り下げる省察（リフレクション）という方法は、支援者に共通する身ぶりとして注目できる。第8講「**地域の変革に向けた学習の循環や継続をどう生み出すか？**」では、継続的に地域学習支援を行う公民館の役割を示す。公民館活動で大切なのは、課題解決を目的にするのではなく、課題に向き合うプロセスを組織化することである。地域課題を媒介に、生きにくさを感じている人同士のつながりを創り出し、活動に巻き込んでいくアプローチには学ぶところが大きい。

〔荻野　亮吾〕

第1講 学びを止めないためにどんな支援が大切か？

学習の目標
・生きるためには学びが不可欠であることを理解できる。
・感染症の拡大など、有事の際における学習支援の方法を説明できる。

1. 学習の権利に対する行政の役割

　生涯学習社会は、いつでもどこでも誰でも学べるという理念を掲げる。耳当たりのよい言葉だが、実現は容易ではない。国や地方公共団体の役割は、人びとの行う自由で主体的な学習に対して、その条件整備や環境醸成を図ることにある。しかし、自由だからといって本人任せにして行政が何もしなければどうなるだろう。あるいは、職員が市民の学びに干渉して特定の方向に誘導したらどうなるだろう。学べない人が生じ、学べることは偏り、限定される。
　戦禍を経て1949（昭和24）年に施行された社会教育法は、「自由を阻む方面に拘束を加える」という趣旨で、「国や地方公共団体という権力的な組織」から国民の学習の自由を保障するために制定された（寺中, 1949：13-14頁）。その背景には、近代戦争期において日本では学校教育も社会教育も軍国主義体制を翼賛する状況に置かれた反省がある。そのうえで、自己教育と相互教育を基本とする社会教育に対する「国家の任務は国民の自由な社会教育活動に対する側面からの援助であり、奨励であり、且奉仕であるべきであって、例えば社会教育関係の団体を統制し、指揮したりするようなことは慎まなければならない」（同上：25頁）とされた。こうして国家や政府による学びへの干渉は否定され、学びの自由と主体性が尊重されている。
　しかし、時に社会教育が学びの条件整備をより強力に求められることがある。それは、社会の外的要因によって人びとの学びの自由が制約され、その権

利が脅かされる時である。現在、地球規模での環境破壊、気候変動による災害、新たな感染症の拡大など、いつどこで何が起こるかわからない時代になった。特に日本は地震の脅威や台風の被害にもさらされている。こうしたなか、学びを止めないこともまた社会教育の現代的な役割になっている。本講では、あらゆる人びとの学びが同時期に制限される有事の際の支援をみていく。具体的には、日本でも2020（令和2）年に入って社会生活に多大な影響を与えた新型コロナウイルス感染症（COVID-19）への公民館の対応を取り上げる。

2. 生きるための学びと教育施設の支援

> 学習権は未来のためにとっておかれる文化的ぜいたく品ではない。それは、生き残るという問題が解決されてから生じる権利ではない。それは、基礎的な欲求が満たされたあとに行使されるようなものではない。

これは1985年にフランスのパリで開かれたユネスコ第4回国際成人教育会議で採択された「学習権宣言」の一部分である。同宣言は、学習権を「読み書きの権利であり、問い続け、深く考える権利であり、想像し、創造する権利であり、自分自身の世界を読みとり、歴史をつづる権利であり、あらゆる教育の手だてを得る権利であり、個人的・集団的力量を発達させる権利である」とした（解説教育六法編修委員会編、2021：133頁）。

人びとの学びが突如として制約されるのが災禍のときである。地震、津波、台風、洪水などの自然災害はもちろん、感染症のパンデミックなど、大きな災難に直面したとき、人びとはまずもって自他の命を守る行動に出る。それゆえ、命あっての学びという考え方も一面では理解できる。コロナ禍の初期において政府は、学ぶことの保障を後回しにして、「不要不急」の行動は自粛するように訴えた。しかし、学ぶことは、「不要不急」なのか。

新型コロナウイルス感染症のパンデミック時、その流行を防ぐ観点から、教育機関を含めた公共施設が長期にわたって閉鎖された。実際の対応として日本では、2020（令和2）年2月末に首相が全国の学校に当面1か月の一斉休業を指示し、その後、外出や移動の自粛を要請する都道府県知事の「緊急事態宣

言」が続いた。児童・生徒が学校施設を利用できず、正常な教育活動を実施できない状態が長くて3か月程度に及んだ。公民館を含む他の教育施設もこれと同程度またはさらに長い期間にわたって休館を余儀なくされた。

　本来、生きることと学ぶことは分かちがたく結びついている。災禍のときこそ、生きるための学びを保障していく支援が必要である。事実、人びとは災難に直面したとき、噂やデマに惑わされ、不正確な情報に寄りすがることがある。そうしたときこそ、その災いに関する科学的な知識を得る学びや自身のなかにある不安と向き合う学びが重要になる。それは自身の不安が周囲への不信や攻撃に向かわぬよう、他者と社会への信頼を取り戻していく学びである。そのうえで、災難から自身の生活を立て直していくための学び、共に生きていくうえでの学びが必要になる。人びとが災難に直面したときこそ、学びへの支援を止めてはならない。それは学習権が人間の生存に不可欠だからである。

【ワーク】有事の際における学習支援の取組みを考えよう
　感染症のパンデミックで教育施設が閉鎖されたとき、市民が学び続けられるために、どのような支援ができるだろうか。あなたが公民館の職員だったら、市民や利用者にどんな取組みを行うか、話し合ってみよう。
【事例①】これまでよく公民館を利用していたサークルのメンバーから、「行けるところがなくなり困っている」と、公民館に相談の電話があった。職員としてどのように助言できるだろうか。
【事例②】感染拡大が一時収まり、公民館は施設利用を再開した。しかし、一部のサークルが戻ってこない。なかには解散してしまった団体もあり、高齢のため家族から来館を止められている人もいるようである。職員としてどのような働きかけができるだろうか。

　コロナ禍で公民館が長期にわたって影響を受けていたとき、職員は市民に向けて実際にどのような支援を展開していただろうか。以下では、パンデミック初期の対応について東京都日野市の公民館を事例に紹介したうえで、収束期における働きかけについて群馬県高崎市の公民館を事例にみていく。

3. コロナ禍における公民館の学習支援

（1）学びを止めないための支援

　日野市中央公民館には、分室を含めて200以上の利用団体・サークルが登録され、講座室や調理室、視聴覚室やホールなどで自発的な活動が行われている。公民館の基本構想・基本計画に基づき多彩な事業も実施されている。講座をきっかけに生まれたサークルや公民館の歴史とともに長年活動を続けるサークルも少なくない。毎年5月に公民館まつりが開催され、各サークルの学習成果の発表の場、新たなメンバーを招き入れるきっかけの場になってきた。

　そうした公民館の日常が脅かされたのが新型コロナウイルス感染症のパンデミックであった。2020（令和2）年2月末から6月初頭まで、約3か月間の臨時休館が措置された。当時の館長はそのときの心境について「やっぱり大切だったのは、まず、利用者の皆さんたちがどうしているのかなというところが一つ」とふりかえった（丹間編，2022：24頁）。市民が集ってこその公民館が、臨時休館で人の出入りがなくなり、にぎやかな声もしなくなった。しかしそのことが逆に利用者への想像力をかき立て、臨時休館中も利用者とのつながりを絶やさず、開館後に向けて支援を続ける意思と行動を生み出した。

　長期臨時休館中の具体的な支援として、職員たちは手紙や電話を通じて利用者に細やかなコミュニケーションを図った。ホームページやSNSに休館や中止の情報を掲示して終わりではない。講座に参加を申し込んでいた人へ個別に連絡し、一つひとつのサークルに手紙を送った。手紙には公民館だよりとアンケートを添えた。来館できないなかでの利用者の状況やニーズを把握しようと、大学と連携してアンケートを作成して送付した（丹間，2021）。

　回答から浮かびあがったのは、日常生活に支障を抱えながらも、できうる活動や交流に励む利用者の姿であった。サークル内で手紙を送ったり、オンラインで近況報告をしたり、個人でできる活動に取り組んでいたりした。さらに、サークルがオンラインの支援として求めていたのは、公民館と市民をつなぐことより、仲間同士をつなぐことにあることもわかった。コロナ禍以前に

Zoomなどのオンライン会議システムを使ったことがなかったサークルも多かった。来館できない状況下でも仲間同士で活動を継続したりつながりを維持したりするため、オンラインを活用したかったという声が寄せられた。

そこで公民館は、再開後にZoomの使い方講座を開催したほか、Zoomを用いた講座の際には事前に個別のサポートを充実させた。災禍のときにも、利用者が求めるニーズを的確に把握し、丁寧な支援に結びつけていた。

(2) 誰もが学べるための支援

高崎市久留馬(くるま)公民館は、市内に44ある地区公民館の一つである。市の北西部、榛名山麓の中山間地域に立地する。市内には昭和40〜50年代に設置された館が多いなか、久留馬公民館は2019(平成31)年4月に新しく開館した。

開館から1年経たずしてコロナ禍に入った。同館職員の社会教育主事は、「開館してやっと軌道に乗ってきたと思ったらコロナで、軌道に乗ってきた人たちがみんな離れてしまった感じでした」とふりかえる(丹間編,2024：60頁)。しかしその間も住民の興味を引く公民館だよりの編集やYouTubeでの地域番組の制作、オンラインを活用した講座に力を入れ、一時落ち込んでいた利用は伸びてきている。

日本では2023(令和5)年5月に新型コロナウイルスの感染症法上の位置づけが季節性インフルエンザと同等の5類感染症に緩和された。WHO(世界保健機関)も公衆衛生上の緊急事態宣言を終了した。マスクを外す人もみられ、感染症対策は個人の判断になった。こうしたなかで同職員は、「とにかくもう一度、公民館に人を呼び寄せたい、リセットしたい、子どもたちと世代間交流をしたい」と、同年夏の事業計画について語った(同上)。

あわせてその頃、久留馬公民館では、公民館をあまり利用していない住民に向けて、コロナに対する意識と行動を尋ねるアンケートを実施した。設問ではどのような対策があれば安心して公民館を利用しやすいかを尋ねた。その結果、換気や消毒の実施、身体的距離の確保など、何らかの感染症対策があれば参加したいという声もあった。そこで、館内での感染症対策の継続や講座時の安心できる座席配置を心がけた。同職員は、公民館がコロナ禍を経て日常を取

り戻す局面でも、車のアクセルを全力で踏み込むような姿勢ではなく、「(アンケートの) 回答の様子をみて、アクセルの踏み方や運転の仕方を変えていこうと考えています」(同上) と話した。

コロナ禍を通じてわかったのは、自身や家族の持病、体調、職種など個々人の生活の状況が実に多様なこと、感染症に対する一人ひとりの価値観や行動は異なることである。それぞれの置かれた状況を想像し把握し、可能な限り配慮していくことが、誰もが学びを止めないための環境づくりの根幹になる。

4. 学びを止めない土台づくり

社会教育を公的にとらえれば、公民館、図書館、博物館などの施設が地域に立地し、そこに職員が配置されていることは、市民の学びの条件整備として最も基礎的な状況である。しかし、有事のときには計画していた事業が実施できなくなり、人びとが日々集い学んでいた施設も本来の用途では使えなくなる。実際、社会教育施設の職員が避難所運営や保健所業務を行うこともあった。本来の職務である市民の学習支援を一時的に担えなくなるが、大切なことは、生きることと学ぶことを結びつけて、市民の暮らしへの視点を持ち続けることである。有事の際、国や自治体は衣食住のための救援や支援を優先させる。そのとき、衣食住を日常のものへと回復させていくには、一人ひとりの意識や行動の変化と人びとのつながりの維持が必要である。このことをふまえて、生きるための学びへの支援を止めないことが重要になってくる。

いつでもどこでも誰でも学べる社会であるために、一人ひとりの市民の暮らしを想像し、学べるための環境を構想する。有事のときこそ、これまで公民館をよく利用してきた市民との関わりも頼りになってくる。そこから再開に向けた展望が開けるとともに、必要な支援を的確に構想できる。災禍が繰り返される現代、常日頃から来館しやすい環境を整え、みえにくい市民同士のつながりを支えていくことで、どんな時も学びを止めない土台が固められる。

〔丹間 康仁〕

第2講　当事者の経験をどう言語化するか？

学習の目標
・地域の「困難な過去」への向き合い方を理解する。
・フィールドで「困難な過去」に向き合う学習をどう進めるかを学ぶ。

1. 公害と地域再生

　過去にあった出来事を未来につないでいくために、経験の当事者の声を聞き、そこから学び、記録に残していくことは、重要な教育活動の一つである。そして、当事者の声を一方的に学ぶだけで終わらせず、その経験を他の人にもみえるようにデザインすることで、学習者のみならず、聞き取りをされた当事者にとっても自身の経験を客観的に見直すこととなり、双方向の学びとなる。

　本講では、当事者の経験を言語化する取組みの一つとして、大気汚染公害があった岡山県倉敷市の水島で行なっている『水島メモリーズ』[1]の活動を紹介する。この活動は、地域のなかで忘れられやすい過去の公害の記憶を、今を生きる地域の人たちで共有し発展的に受け継ごうとする取組みである。

　日本では第二次世界大戦後、1950年代から1960年代の高度経済成長期に産業公害が社会問題となり、その被害が明らかになりはじめた。四大公害裁判が行われ、被害者が勝訴したことはよく知られている。しかし、公害はこれらの裁判が闘われた地だけでなく、全国的に問題となっていた。四大公害裁判の一つである三重県の四日市ぜんそくの公害に関わる裁判に続いて、大気汚染の被害があった全国各地で裁判が提訴された。10年以上の年月をかけて裁判が行われ、1990年代になって、ようやく国と被害者は和解し、公害地域の再生が試みられるようになった。公害裁判に臨んだ各地の大気汚染の公害患者のなかには「地域再生マップ」を描き、環境のよいまちづくりについて具体的な提

案を行なったところもみられた。そして、公害患者が提案した地域再生を実現するために、裁判での和解金を元手にしてまちづくり組織がつくられたところもある。そして、各地で公害の経験を伝える資料館がつくられていく（除本，2022）。

2. 水島と困難な過去

水島では、倉敷公害裁判の和解後に、原告となった公害患者が願うまちづくりを実践するために水島地域環境再生財団をつくり、公害地域再生の活動を行なった。2021（令和3）年から公害資料館をつくるプロジェクトがはじまったが、地域住民の公害に対する拒否感が大きく、被害者側の主張のみで資料館をつくることが難しい状況にあった。そこで、着目したのが「困難な過去」の概念であった（林，2023）。

「困難な過去」は、「『大量の死』にまで至るような破局的な事象」であり「被害は死者だけでなく生存者（サバイバー）にも及ぶ」と考える（除本，2023：93頁）。これは、戦争や災害の被害、ハンセン病の隔離政策や公害の被害を念頭に置いている。そして、その被害は「複雑な加害 ― 被害関係をはらむため、事象の『解釈＝意味づけ』(interpretation) が立場により分裂しやすく、想起における困難をともなう」（同上）。

水島は、公害以外にも多くの「困難な過去」をはらむ地域である。戦争による空襲や在日朝鮮人への差別、災害の記憶、貧困など、さまざまな「困難な過去」が開発の裏面として存在する。水島の街は、アジア・太平洋戦争中に急造された。その背景は、軍用機を製造していた三菱重工業が、増産のために水島に進出してきたことによる。水島の市街地はもともと、明治末期～大正期に高梁川の洪水対策で河川改修が行われたことにともない、東高梁川が廃川になってできた土地である。1941（昭和16）年から街や工場がつくられて1943（昭和18）年に工場が操業を開始している。空襲の疎開工場である亀島山地下工場では、朝鮮半島をルーツにする人たちが集められ、掘削する労働に従事させられた（亀島山地下工場を語りつぐ会編，2010）。

戦後は、この軍需工場が基盤となって、水島臨海工業地帯が形成され、岡山県は農業県から工業県に変化した。この開発にともなって、大規模な海洋汚染（三菱石油による重油流出事故）や、大気汚染による呼吸器疾患の多発など、環境破壊が進んだ。

災害対策、戦争、戦後復興のための開発によって、地域に富がもたらされる一方で、空襲や貧困、公害などの問題も起きた。特に公害は、地域のイメージを悪化させ、地域の誇りを失わせることとなった。その上、被害者と加害者が同じ地域に住んでおり、裁判でも争われたことで、地域の分断が一層進んだ。

水島では開発を軸にさまざまな社会課題が生じており、それらは相互に関連している。公害を含む、より広い「困難な過去」という視点からみることで、公害と地域社会の関係についてもより深い理解に到達することができる。

3.『水島メモリーズ』による記憶の継承

水島の住民だからといって、地域のことをすべて知っているわけではない。さまざまな専門家も同様である。例えば、汚染の数値を計測する専門家にとっては、数値が居住できるかの基準となる。歴史の専門家は史料に基づいて歴史を記す。ただし、数値や史料は地域の一側面にすぎない。特に「困難な過去」は立場によって解釈が分裂しやすく、専門家の解釈と住民の体験との間に溝が生じてしまうこともある。開発を支持する人と、支持しない人によって、公害の経験を受け入れるか否かが分かれるのだ。そこで、公害資料館づくりにあたり、地域の歴史の掘り起こしを、開かれたフラットな場としての「みずしま地域カフェ」という場で行うことにした。この「みずしま地域カフェ」は、公害反対運動に距離がある人たちやさまざまな価値観の人が集うヒアリングの場となった。

【事例】みずしま地域カフェと『水島メモリーズ』
　みずしま地域カフェでは、地域住民や外部専門家などいろいろな立場の人が集まり、さまざまなテーマで地域の方々にヒアリングを行う。各回のトピックは、地域の喫茶店や朝鮮学校、ガス会社、鉄道や高梁川の水害など、さまざまなテーマにわたる。参加者は10名程度で、現地見学なども実施する。後日、ヒアリングした内容に関連する写真探しやファクトチェックを事務局が行う。その後、ニュアンスや受け止め方の違いも含めて参加者全員でストーリーの確認をして、A5版16ページの小さな冊子『水島メモリーズ』をつくり、地域の方々に読んでもらえる形に整える。2024（令和6）年3月の段階で9編が作成されている（**表Ⅳ-1**）。この『水島メモリーズ』は発行部数約5,000～6,000部で、市内の社会教育施設や信用金庫、観光施設などで配布されている。

　地域のなかで『水島メモリーズ』の評判は上々である（**写真Ⅳ-1**）。『水島メモリーズ』は正面から公害を論じているものではないが、さまざまな「困難な過去」が登場し、多様な入口から公害との接点が少しでもみえるようにしている。例えば、2編目の朝鮮学校編では、在日コリアンの人たちにも公害病の認定患者がいること、8編目の「高梁川の水害」編では、高梁川の改修がコンビナート開発につながり、真備の水害（2018年西日本豪雨）の遠因になった可能性があることを指摘した。
　『水島メモリーズ』が好評を得ている理由は次の通りである。第一は、これまで多くの住民が向き合おうとしてこなかった「困難な過去」と、住民の生活体験を結びつけ、気づきを促していることである。第二は、住民目線で地域の歴史の「面白さ」を論じていることである。この活動は、市民が歴史をつくる「パブリックヒストリー」の実践にもなっている。第三は、それと関連して、住民が自分の言葉で地域の魅力を語るための素材を提供していることである。これらを総合すると、住民が地域の歴史を語る主導権を取り戻すことに貢献したといえるだろう。

表Ⅳ-1 『水島メモリーズ』一覧（2024年1月までの発行分）

	サブタイトル（刊行年月）	テーマ	扱った「困難な過去」
1	ニューリンデン編（2021年11月）	初代マスターが郷土史家であった喫茶店ニューリンデンのあゆみとコンビナート企業の社宅進出。	1884（明治17）年の大水害、水島空襲、重化学工業化による地域社会の変容。
2	朝鮮学校編（2022年2月）	在日コリアンの歴史と、岡山県内唯一の朝鮮学校の由来。	アジア・太平洋戦争と植民地支配、亀島山地下工場。
3	水島臨海鉄道編（2022年3月）	貨物と旅客の二つの顔をもつ臨海鉄道、脱炭素の課題とまちづくり。	水島の軍需工業地域化。
4	水島こども食堂ミソラ♪編（2022年7月）	子ども食堂とその支援者たちの物語。	大気汚染公害とあおぞら学園（小児喘息特別入院施設）。
5	水島ガス編（2022年10月）	三菱重工業とともに名古屋から進出してきた水島ガスのあゆみ、脱炭素の課題とまちづくり。	アジア・太平洋戦争中の軍用機製造との関連、会社幹部の原爆死、戦後の大気汚染公害。
6	萩原工業編（2023年3月）	岡山県南部のイグサ生産・加工の歴史、そのなかで地元企業が花ござからブルーシートへ事業展開したあゆみ。	水島の重化学工業化と大気汚染によるイグサ生産、花ござ産業の衰退。
7	亀島山地下工場編（2023年5月）	岡山県内最大級の戦争遺跡である亀島山地下工場の来歴と、その保存活用に向けた取組み。	水島のまちが名古屋からの軍需工業進出によって造成されたこと、そこでの朝鮮人労働者の動員。
8	高梁川の水害編（2023年7月）	高梁川流域の自然環境改変と、それによって災害が誘発されてきた歴史。	明治期の水害、2018（平成30）年の西日本豪雨災害。
9	呼松の今昔編（2024年1月）	水島の公害反対運動がはじまった地とされる呼松の歴史と現在。	コンビナートによる公害（水銀汚染を含む）、漁業の衰退。

出典：筆者作成。

最新の9編目「呼松の今昔」編は、公害反対運動のはじまりを記しており、これまでになく公害に関する内容が多くなった。過去の『水島メモリーズ』でさまざまな「困難な過去」を取り扱ってきたこともあり、ようやく住民に公害が抵抗感なく受け止められたのではないかと

写真Ⅳ-1　みずしま資料館で配布している『水島メモリーズ』

推察される。当初の目標だった公害の経験を地域のなかで受け止めてもらう土壌が整ってきたことがうかがえる。

　また、『水島メモリーズ』で集めた情報が、みずしま滞在型環境学習コンソーシアムの教育旅行ツアーのコンテンツに反映されたり、観光看板づくりにつながったり（除本ほか，2023）、水島焼肉マップづくりなどのまちづくりの活動に広がったりしている。

【ワーク1】水島地域の取組み以外に、公害や災害、戦争などの「困難な過去」を風化させないよう向き合っている事例を調べてみよう。
【ワーク2】『水島メモリーズ』のような取組みを進める際に、予想される反対意見はどのようなものだろうか。

4. 学びを支援していく際の工夫

　最後に、水島で当事者の経験を言語化（当事者へのヒアリングをもとに、対話を通じて記録に残す）するなかで心がけた点を述べる。一つめは多様な立場の参加者が権力の強度なくフラットに学び合った点にある。語り手の言葉の書き起こしではなく、対等な対話の延長線上で作ったのが『水島メモリーズ』である。対話とは語り手と聞き手がキャッチボールをして話題を広げる営みであ

り、専門家が記録を取るためでなく、楽しくおしゃべりをする点に特徴がある。

　二つめは、議論できる余白としての「関わりしろ」である。歴史を専門家が教え、学習者が聞くという関係ではなく、ヒアリングを通して語り手と聞き手の双方が学び合うことによって「関わりしろ」が広がることになる。「困難な過去」を語る際には、お互いが自身にとっての「正しさ」を押しつけ合う場にならないよう、議論できる余白をもつことが必要である。この意味で、「関わりしろ」はアリーナであり、議論できる場でもあるだろう。正しいとされる価値判断を押しつけるのではなく、新しい価値を共に考え作り出す空間なのだ。加害／被害の関係のなかでは、正しさが先に立ち、加害の立ち位置に立つ人たちは萎縮して被害をみることを拒絶することが多い。「関わりしろ」にはこの萎縮を緩和させる役割がある。

　同じ地域に生きていても「みえないこと」がたくさんある。特に「困難な過去」はみえにくい。「困難な過去」は社会課題としてしこりになっていることが多い。その「困難な過去」は楽しい対話のなかでひょっこりと顔を出す。地域の記録を残すことは、当事者の言葉をそのまま残すことと思われがちである。しかし水島では、当事者の言葉をそのまま残すのではなく、当事者と聞き手が対話し、共に学び合いながら記録をつくっている。そのような「学び合う」場をデザインすることが、成功のポイントになるだろう。

〔林　美帆〕

注
1) Web上でPDFを公開している。みずしま財団「あさがおギャラリー」。URL：https://mizushima-f.or.jp/pcats/project/

第3講　被災地における支援をどう継続するか？

学習の目標
- 地震や津波の被災で住宅を失った人びとの生活の状況と求められる支援を理解する。
- 住宅復興までの支援環境を形づくるうえでの目標の変化を理解する。

1. 大地震・津波の被災と住まいの再建

　災害復興の目的を生活の回復と置いたとき、最も基本的なことは住宅復興である。住宅が人びとの生活の基盤であることは疑いようもない。平時でもホームレス状態にある人への生活再建もまずは「ハウジングファースト」と言われる（森川, 2018）。基本的に住宅を中心に人びとは相互に支え合い、その居住地にコミュニティを形成していく。しかし、震災や津波による大災害は、住宅を破壊し、その周りに形成されたコミュニティを崩壊させる。その結果、被災した住民は、生活の基盤を失い、互助活動といったコミュニティのサービス機能のアクセスが断たれ、健康や精神を害され、社会的孤立や心身の虚弱という負の影響に悩まされる。したがって、災害復興において、住宅復興は緊急課題であり、できるだけ早く住まいの確保を実現することが重視される。

　一方で、住宅の再建には一定の時間を要するため、新しい住まいが確保されるまで、被災者は仮設住宅などで暮らし、生活再建の準備を行う。これを「仮暮らし」と呼ぶ。災害が大規模で、特に津波被害のように面的に市街地が破壊されれば、生活インフラを再整備する必要が生じるため、直ちに元の場所に住まいを再建することができず、仮暮らしは長期化する。高齢の被災者も少なくないことを考えると、その期間に被災者の孤立化や虚弱化が進行することを防ぐことが重要である。避難所から仮設住宅への転居のなかで、被災者は身

近な社会関係を変更させられ、生活が不安定になるため、仮暮らしの居住地では誰も取り残されない包摂的なコミュニティの形成が求められる。それゆえに、仮設住宅地とその周辺環境で、住民同士が信頼関係を構築し、主体的な活動を育むことが重要であり、仮設住宅地の住民を対象とした支援が鍵を握る。

本講では、大地震・津波被災後の仮暮らし[1]を中心に、被災地での支援のためには段階に応じてアプローチを変えていく必要があることを解説する。

2. 仮暮らし期の生活課題と支援環境

仮設住宅地は必ずしも住みやすさを追求して作られる環境ではない。特に仮設住宅は、概ね2年間の仮暮らしが想定され、あくまでも応急的に供与されるものである。したがって、被災者が暮らすのに最低限の住宅条件が整えられる。例えば、単身世帯用には1K、二人世帯用には2K、四人世帯用には3Kが標準的に供与され、各戸には5点セット（エアコン・ガスコンロ・給湯器・照明器具・カーテン）が標準設置される。また被災者の社会交流を実現させるために、50戸程度以上の仮設住宅地には仮設集会所が整備される。しかし、あくまでも住宅条件が最低限に整えられるのであって、必ずしも住宅地に必要なサービスが整うわけではない。例えば、被災が大きければ大きいほど、仮設住宅の必要戸数も増え、その建設用地の必要面積も大きくなる。そのため、もともと居住用ではない土地にも仮設住宅地が作られることとなる。そのような土地の周辺では、スーパーや公園などの生活利便施設が乏しく、交通サービスや福祉・教育などの社会サービスも不足していることがある。それゆえに、自動車を持たない、あるいは運転できない人びとは、生活に困ることとなる。

加えて、公平性の観点から、被災者の入居する仮設住宅が抽選で選定されることも少なくなく、知人や友人と近くで暮らせるとも限らない。また、DV被害の防止などの関係で、誰がどこの仮設住宅に入居するのかも一般的には公開されないため、身近に誰が暮らしているのかも入居後に情報が与えられることはない。被災した行政も通常業務に加えて復旧・復興業務を行うため、被災者の個々の境遇に丁寧に対応するのに限界が出てしまう。したがって、被災者

個々人では生活再建の準備を進める一方で、仮設住宅地で人びとが協力し合うコミュニティ環境を基盤から作りなおし、不足する生活環境を整えていくことが求められる。では、どのような生活課題が仮設住宅地で生じるのだろうか。

生活課題の範囲は住戸から共有空間、安心安全、生活サービスまで多岐に及ぶ。課題の認識は共通することもあれば、個々人によって、あるいはジェンダーや年齢、家族構成の違いや、仮設住宅地が形成された環境によって異なることもある。そこで、対話と共同作業を通して被災者が生活の安定を図る、「居住環境点検活動」が重要となる（似内，2022）。この点検活動では、被災者は自分たちの生活課題を互いに共有し、その課題にどのように対処するのかを、女性などの発言権の弱い人が出ないようにしながら話し合って検討する。

そうした局面において、被災した住民のコミュニティづくりを外から支援する存在は非常に助けとなる。なぜなら、そうした存在は環境や行動の変化をもたらすのに必要な資源を補ってくれるためである。資源を提供する主体にはいくつかの種類がある。ヒトの資源を提供する主体には非熟練ボランティアがあり、草刈りや買い出しなど住民の手が足りない作業を手伝うことができる。大工仕事などの技術や技能が求められる場合は熟練ボランティアが活躍できる。モノやカネ、情報の資源を主に提供するのは企業やNPOなどの支援機関であり、地域で入手困難な商品や材料、活動、実験などを住民に供給できる。

一方、広く多数の住民に利益が生じたり、特定の領域で他よりも恵まれていなかったり（著しく安全性が低いなど）することには、市町村や県、国が公共施策としてサービスや施設・設備を提供できる。ただし、嗜好性や特殊性の高い物事に対する行政支援は難しく、自治会や住民個人の力で対応することとなる。こうした支援を想定し、共有した課題を仕分け、その後実際に仮設住宅地のコミュニティは支援主体と接続・交渉する。そのため、単に行政に頼るのではなく、それ以外の支援主体と接する機会（集会施設でのイベントやメディアの紹介など）を最大限に活用し、前述の生活課題に対処することが求められる。

【ワーク】仮設住宅地の生活課題を仕分け、解決策を構想しよう

あなたが住んでいる仮設住宅地の住環境においていくつかの生活課題が発生していると想定してみよう（課題の詳細は別冊参照）。共有できる相手のリストをみて、誰とその課題を共有するのがよいかを考えよう。その後、課題を共有することでどのような対応ができるかも考えてみよう。

3. 住宅復興後の地域生活に向けた支援

　仮設住宅地の生活がある程度安定するまでに、仮設住宅に入居して約1年はかかる[2]。その頃には仮設住宅地での自治組織の形成が概ね完了する。意思疎通が円滑に行われるようになり、住民の自治が醸成されてくれば、自発的な住民主体の活動（サークル活動やサロン活動など）が集会施設を中心につくられてくる。

　仮設住宅地の生活が安定する一方で、その人口は徐々に減少していく。例えば、東日本大震災後の岩手県では2011（平成23）年度の応急仮設住宅の入居者は30,755人であったが、2014（平成26）年度には21,530人（11年度比70.0％）、2015（平成27）年度には15,776人（同比51.3％）、2016（平成28）年度には9,896人（同比32.2％）と急速に減った（三菱総合研究所，2020）。それにともない、各市町村では応急仮設住宅の集約化計画が策定されていった。こうした居住の大量移行期には、各仮設住宅地ではコミュニティ環境が再び変化するため、安定した仮暮らしを大きく変えず、一方で住まいを再建する地域でのコミュニティづくりを志向することが求められる。

　しかし、仮設住宅入居直後とは支援の量が異なるため、この頃からの支援はアプローチを変える必要が出てくる。全国社会福祉協議会（2018）の報告では、東日本大震災の被災3県のボランティアの活動者数は、震災1年後の2012（平成24）年には257,339人であったのが、3年後の2014（平成26）年には85,224人で3分の1に減少していた。また、日本経済団体連合会（2016）

が実施した調査では、企業による社会貢献活動支出額は2012（平成24）年度は143億円であったのが、2015（平成27）年度では63億円に半減していた。こうした資源の減少を受けて、復興・被災者支援の活動継続には自立化・持続化が求められるようになり、支援の質を変えていく必要が出てくる。

表Ⅳ-2に仮暮らしの初期と移行期の支援アプローチの違いを整理した。初期の支援では、新しいコミュニティ環境で住民が不安なく暮らせるように自治を回復し、生活環境に問題があればそれを改善することを支援者はめざす。そのため支援者は、不足する資源を補いながら、住民が主体性を持てるようにパートナーとして接し、住民間のコミュニケーションと活動の活性化を応援する。移行期では、住民は再び新しいコミュニティ環境に適応する必要に直面するが、その際に支援者は初期に培った人とのつながり（社会交流）や住民活動が途切れないようにすることをめざす。さらに、コミュニティづくりにつながる住民活動を活性化するためにパートナーとして担ってきた役割を住民に引き継ぎ、その活動が持続するように後ろ盾となって行動する。そこで、仮設住宅地のコミュニティを超えて住民のネットワークを広げることを応援する。

表Ⅳ-2　仮暮らしの初期と移行期の支援アプローチの違い

	仮暮らし初期	仮暮らし移行期
支援目標	自治の回復、生活環境の理解と改善	社会交流の継続、住宅復興後の生活との連続性確保
内容	不足する資源（ヒト・モノ・カネ・情報）の補充、およびそれにつながるイベント	活動ノウハウの提供と見直し、仮暮らし後の活動場所の検討と模索
関係性	パートナーとして住民と一緒に行動	後ろ盾として住民の行動や挑戦を奨励
成果	仮設住宅地内のコミュニケーションと活動の活性化	仮設住宅地間や周辺居住地との連携、復興計画や事業への住民参加

出典：筆者作成。

4. 個人と地域をつなぐアセット・ベースド・アプローチ

　仮暮らしの期間は、住民にとっては単に災害によって失われたものを再生する期間ではなく、そのなかでさまざまな学びを得る期間でもある。例えば岩手県大槌町でのケーススタディでは、この期間が、年齢にかかわらず新しい挑戦をしたり、行政の仕組みを知る機会となったり、よそ者を歓迎するようになったりするなど、肯定的な結果に結びついていたことが明らかになっている（似内ほか，2023）。しかし、せっかく高まった個人の能力や態度が必ずしも住宅復興後の地域づくりに役立っていないことも起きていた。加えて、すべての住民が能力や態度を高めるとは限らず、逆に「支援依存」状態となり、受動的にニーズが補われるのを待つ態度を取ることもあった（祐成，2017）。そうした人は、住宅復興後の地域でも他力本願となり、自ら地域の集会施設に顔を出したりすることも少なくなる。

　個人と地域を改めてつないで地域づくりに貢献するには、生活上の不足を補うことを重視するニーズ・ベースドの支援から、持ち前の資産の大きさや強みを大切にすることを重視するアセット・ベースドの支援に切り替えていく必要がある（似内ほか，2023；Russell & McKnight，2022）。そうすることで、仮暮らし期の支援の仕組みや制度はなくなっても、その時期に形成された意識や活動資源、新たな居場所が地域社会に埋め込まれて残る。さらに人びとの認知や記憶に埋もれていたものを再発掘することで、その後の社会活動へと活かすことができる。また、それらは新たなアセットとなり、現在の地域づくりの基盤として機能しはじめ、住宅復興後の地域で変革を起こす。

　このように、大地震・津波被災後の支援では、目の前のニーズに即応するだけではなく、仮暮らし期に何を経験して学び、それはどのような形のアセットとして住宅復興後に残せるのかを洞察するスキルが支援者には必要となる。

〔似内　遼一〕

注
1) 仮設住宅には、プレハブで建設される建設仮設住宅と空き家などの既存住宅ストックを借り上げる借上仮設住宅の2種類がある。本講では、集合的な被災者コミュニティの支援の観点で、建設仮設住宅に的を絞って論じる。
2) 安定するとは言っても、すべての問題が解決しているわけではないことには留意する必要がある。例えば、問題行動を起こしがちな住民の存在や男女間の居場所の違い、住民の閉じこもりなど、より繊細な問題は残っている。

第4講　障害者の学習を地域でどう支え続けるか？

学習の目標
・障害者が社会や地域で生きるうえでどのような困難があるのか説明できる。
・障害者が地域で生活を送る術を学ぶために、支援者が考慮すべきことが何か説明できる。

1. なぜ障害者にとって生涯学習が必要なのか

　障害者[1]の生涯学習において、余暇の充実は主要なテーマの一つであった。多くの実践では、職場と家を往復するだけではなく、仲間と一緒に何かをする経験を通し、日々の生活経験を豊かにすることがめざされている。実際、2017（平成29）年には、当時の文部科学大臣によって、「学校卒業後も生涯を通じて教育や文化、スポーツなどの様々な機会に親しむことができるよう、教育施策とスポーツ施策、福祉施策、労働施策等を連動させながら支援していくことが重要」とメッセージが出されている。

　本講では、障害者の生涯学習支援について論じるが、その前に、このように余暇を拡充する必要性が強調されたのはなぜか考えてみてほしい。環境の整備が遅れているから、という回答も間違いではない。だが、より本質的には、これまで障害者が学習主体とみなされていなかったという点が重要である。

　「私たちのことを私たち抜きで決めないで（Nothing about us without us）」。このスローガンは、1960年代のアメリカにおける自立生活運動から生まれたが、現在の障害者運動においても重要な意味をもつ。つまり、障害者たちは、まだこれを叫ばなければならない状況に置かれているのである。障害を理由に不当に権利を阻害され、息をひそめるように暮らしている人たちは、まだ地域のどこかに取り残されている。

特に、日本では、施設や病棟で暮らす障害者の数が多く、好きな場所で暮らす権利が十分に保障されていないことが課題の一つとされる（長瀬ほか編, 2024）。施設や病棟は、厳しい人手不足などを背景に、管理的な側面が強くなり、本人の意思が十分に尊重されない構造がある。例えば、庭に出て外の空気を吸いたい、というささやかな希望でも人手が必要となり、管理上の理由で叶えられないことがある。また、施設自体が地域住民の反対を受けて隔離された場所に建てられ、人と交流する機会も制限されることがある（藤井, 2022）。施設や病棟は必要だが、長期にわたって地域から切り離された結果、他に行き場がなく、そこに居続けることしか選べないのは問題である。

　障害があることは、多くの場合、日常生活において他者の手を借りる必要があることを意味する。例えば、入居できる物件がみつからない、環境の変化がストレスとなり体調を崩したり他者とトラブルを起こしたりする、金銭管理がうまくいかない、詐欺にあってしまうことがある。段階をふみ、周囲の理解を得ながら生活基盤を整える必要があるが、未熟な存在というレッテルが貼られると、自分で自分のことを決める機会が奪われ、経験を積めなくなってしまう。このように抑圧的な扱いを受け続けると、自分のしたいことすら意識できなくなり、機会を求める声を上げるのは難しい。そのため、障害者の生涯学習支援では、生活のなかで支援者をはじめとする他者との関係をどのようにつくり、主体性を発揮するのかが重要な課題となる。

2. 障害者の権利とは

　障害者の生涯学習を考えるには、奪われてきた権利をどのように取り戻すのかという視点が必要である。障害者権利条約の前文では、障害は発展する概念とされている。かつて、障害による困難は、個人がもつ機能損傷や機能不全、疾病など（インペアメント：Impairment）にのみ由来すると考えられていた。しかし、近年は社会的な環境の不整備（ディスアビリティ：Disability）にも由来するとされる。つまり、障害による困難は、（リ）ハビリテーションなどの個人の努力のみではなく、社会の側からも環境整備を行い、解消される

べきだと法的に定められている。

　ただし、環境整備を進めるには、障害者の権利に関する理解の不十分さが壁になる。例えば、障害者が介助者や通訳者をともなって病院に行ったときに、症状や治療方針の説明が障害者本人ではなく介助者や通訳者にされることがある。こうした対応は、障害者本人が説明を理解できないと決めつけ、障害者のことは本人ではなく支援者が決めるべき、というパターナリズム（家父長的温情主義）を無意識に認めるものである。強い立場にある他者から良かれと思ってくだされた決定は、本人の望みと一致しないことも多い。そのため、本人への意思確認が必要となるが、障害があると疎かにされやすい。すべての障害者は意思のある一人の人間であり、「自分のことは自分で決める」権利をもつことを、改めて強調したい。

　障害者が自身の権利を主張すると、障害者は「障害者らしく」、助けてもらえることに感謝し、謙虚であれ、と求められることがある。しかし、障害による困難は、健常者に合わせて設計された社会の不整備によって生じている。障害による困難を克服する努力を障害者にのみ押しつけることは、健常者が障害者という少数派を切り捨て、無自覚に多数派として受けている恩恵を維持しようとする選択にほかならない（スー，2020なども参照）。また、この選択は、現在は健常でも、老いや事故などで状況が変われば、いずれ自分が切り捨てられる側になることを認めるものでもある。包摂的な環境をつくることで多様性を保ち、社会全体で共生を進める試みは、他者が命に序列をつけることを認める、優生思想[2]への抵抗を意味するのである。

3. 障害者と支援者の関係性を考える

　障害者の生涯学習は、生活を通して、社会参加の方法を学んでいく点に大きな特徴がある。そのため、まずは施設や病棟を出て、地域で暮らすことを考えなくてはならない。しかし、地域で他者の手を借りながら、自分のしたいことを実現させるためには、さまざまな難しさが存在する。次の事例を通して、障害者と支援者の適切な関係性について考えてみてほしい。

【事例】介助者との関係性を考える

　Aさんは、学校卒業後に親元を離れ、介助を受けながら一人暮らしをはじめたばかりの障害者だ。体が思うように動かせず、自力で姿勢を変えることも難しいため、着替えや食事、入浴といった身の回りのことなど、ほとんどのことに介助を必要としている。

　数人いる介助者のなかに、Aさんの親くらいの年齢のBさんがいる。最近、AさんはBさんとすこし打ち解けてきたものの、親目線で話しかけられることが気になっている。例えば、「食事の後に甘いものが食べたい」と伝えると、「食べ過ぎじゃない？」と冗談めかして言われることなどがあった。介助はきちんとされており、生活は問題なく送れているが、AさんはBさんにどう対応するか悩んでいる。

【ワーク1】Aさんはどのようなことに悩んでいるだろうか。また、あなたがAさんなら、Bさんにどう対応するだろうか。

【ワーク2】あなたがBさんの立場なら、Aさんをわがままと感じるだろうか。また、なぜそのように感じるのだろうか。

【ワーク3】あなたがAさんを支援するとき、どんなことに気をつける必要があるだろうか。

　介助を受ける障害者は、自分のこだわりと介助者に伝える労力のどちらが軽いか考えた結果、介助者に任せ、妥協を選ぶことがある（寺本ほか，2015）。妥協が積み重なると、主体的に生きるとはほど遠くなってしまう。そのため、障害者と支援者は、双方が適切な関係性を模索する必要がある。

　支援を受ける障害者は、一見「してもらう」だけの立場にみえるかもしれない。しかし実際は、その背後にさまざまな難しさがある。障害のない人が多数派である以上、障害由来でできないことを説明する負担は主に障害者が負うが、本人にとって「当たり前」のことを、異なる感覚をもつ人に伝えるのは難しい。まずは自分の特性を認識し、具体的に何の助けが必要なのかを絞り込む。次は、誰にどのように伝えればよいのかを探る。他者に何かを依頼するの

は、実はかなり労力がかかる作業である。

　支援者側は、障害者が抱える負担を認識し、どうすれば障害者の困難を取り除けるかを一緒に考える姿勢をもつべきだ。障害者の望みを叶えられない際も、できないとだけ伝えて交渉を打ち切るべきではない。具体的な検討プロセスを明かし、代替案を示すなど、建設的な対話が必要である（川島ほか，2016）。

　なお、事例では、わかりやすい例として障害者と介助者の関わりを取り上げたが、支援者は介助者よりもずっと広い概念であることには留意したい。支援者のなかには障害者も含まれる。また、障害者支援の専門職に従事していなくとも、居合わせた障害者から何らかの申し出があった場合、支援のあり方に向き合う必要が出てくる。いずれにしても、「専門家」任せにし、他人事にしないことが重要である。

4. 障害者が地域の一員となるのを支えるために

　障害者が、他の障害者や支援者を巻き込み、自分らしい生き方を模索することは大きな意味をもつ[3]。社会から隠されるように生きるのではなく、他者から承認を受けることで、自ら声をあげられるようになるからだ。まずは積極的に街に出て、障害の存在をさまざまな人に気づいてもらう。そして、居合わせた人の助けだけではどうしようもない部分は、色々な人を巻き込んで声をあげ、変化を求めていく。このように障害者が社会にさまざまな要望を出していく「運動」は、怖いもの、傲慢なものとして受け止められることがある。なぜなら、運動は、社会を変えるという非常に労力のかかる仕事を要求するからだ（尾上ほか，2016）。障害に関する問題を他人事とし、現状に不満をもたない人にとって、障害者の訴えは面倒で余計なものにうつる。しかし、障害者にとっては、対等な人間として議論を交わすためのスタートラインにすら立てておらず、声を上げるしかない、という状況もあると認識されなければならない。

　これから障害者をとりまく問題を考えようとするなら、まず主体は障害者本人だという意識をもち、一人ひとりの思いを聞き取る試みからはじめること

をすすめたい（小林・石川，2023なども参照）。障害に関する書籍は数多く存在するが、これらはあくまで理解の一助となるものにすぎず、実際にどのような困難を抱えているのかは、人によって大きく異なっているからだ。

　障害に関する問題は、障害者個人の問題ではなく、障害による生きづらさを生み出す「社会」の問題である。権利はすべての人が等しくもつが、奪われた権利は、さまざまな人とつながり、自らの置かれた状況をふりかえらなければ、その存在に気づけない。相手を一人の人間として尊重し、ときにぶつかりながら、関係性をつなぐ試みが必要である。障害者の生涯学習を支えるとは、どのように社会の仕組みを変えていけば共生を実現できるのか、障害者の生き方を通して学んでいくことでもある。

〔正木　遥香〕

注
1) 近年「障がい」等の表記もあるが、本講は法令や国の公用文で用いられる「障害」で統一する。
2) 優生思想が引き起こした惨劇として、ナチス・ドイツによる虐殺や、相模原障害者殺傷事件などが有名である。その他、障害者の不妊手術、出生前診断による堕胎、安楽死に関する議論なども優生思想と地続きである（児玉，2023）。優生思想は他者を排除し、自身もまた選別の対象になることを認めうるものだと意識されなければならない。
3) 例として、運動体であり事業体でもある自立生活センターでは、運営の過半数を障害当事者が担い、権利擁護を主軸として、障害理解を深めるプログラムや、障害者が地域で暮らすための学習プログラムなどを実施している（全国自立生活センター協議会編，2001）。

第5講　高齢者を中心とした地域活動をどう継続するか？

学習の目標
- 高齢者の地域活動への参加や関わりの特徴を理解する。
- 地域活動を通した高齢者の学びの支援で重要な視点を理解する。
---

1. 高齢者の社会参加

（1）高齢化・長寿化と、高齢者の社会参加

　人口に占める高齢者の割合が増えるにともない、高齢者の社会との関わりは変化してきた。かつて高齢者は社会的な役割から退いた存在とみなされていた。しかしいまや日本の総人口の約10人に3人が65歳以上[1]であり、地域社会をはじめとする多様な領域で高齢者が支え手となり活躍している。

　人生の長寿化も進んでいる。平均余命でみると、60歳や65歳で定年退職してもさらに25年や30年近い人生がある[2]。定年退職をきっかけに新しい仕事や地域での活動をはじめる人、新しい人生に向けた学びなおしや趣味探しに挑戦する人は少なくない。同時に、社会とのつながりが乏しい高齢者の孤立や孤独は社会的課題となっている。長くなった人生後半を、自分の心身の変化と折り合いをつけながらどのように社会と関わっていくかは、長寿時代を生きる私たちが直面する人生課題である（菅原・秋山，2024）。

　本講では、高齢者の社会参加や地域活動への参加の特徴を知り、誰もが望むかたちで参加し学び続けるために求められる支援について考える。

（2） 高齢者の社会参加に関する特徴と課題

わたしたちは生涯を通してさまざまな形で社会参加をするが、青年や中年では仕事であれボランティア活動であれ、生活のためや家族のために参加しているという人が多くを占める。対して高齢者は義務的な参加が少なく、生きがいや社会貢献、健康増進など、より自分のために自発的に社会参加する人が多い。その反面、社会参加をしない高齢者も少なくない。非参加の最大の理由は健康や体力への不安である[3]。加えて人間関係への不安が理由で参加しない人、家庭の世話があり参加できない人も相当数いる。さらには、参加意思はあるがきっかけがないなどを理由に参加していない人もいる。

活動している人がその人の望む形で社会と関わり続けられるように支援するとともに、多様な非参加層にいかにアプローチするかが高齢者の社会参加における課題である。

2. 高齢者の地域社会との関わり

（1） 高齢者の地域社会への関心と参加

社会参加のなかでも特に居住する地域社会への参加についてみていこう。高齢者の社会活動の多くは住まいの近隣で展開されている。一般的に、地域で過ごす時間は青年や中年と比べて高齢者では長い。高齢者にとって、地域が住みやすいか、必要なサービスや資源が整っているか、近隣住民と良好な関係があるかは、生活の質に深く関わる。高齢者自身にとって地域での活動は、近くて参加しやすいというだけでなく、地域の人びととの関わりを深め、安心して住み続けられる地域づくりに自ら貢献するという点でも重要な意味をもつ。

しかし、職と住が物理的に離れた都市型の生活をする住民にとって、自分が地域社会を構成する一員だと自覚する機会は少ない。高齢になり地域で過ごす時間が増えても、地域情報の入手方法がわからず、相談するにも仲間がいないため参加のきっかけがつかめない、といった壁が立ちはだかる。より多くの住民が地域に関心をもち、住民同士がつながるための情報や機会を提供するなどの、地域による支援が求められる。

> 【ワーク1】地域のなかの高齢者について考えてみよう
> 　自分がよく行く場所（お店、公園、公共施設など）や、参加している活動グループに、高齢の方はいるだろうか。その方は何歳くらいで、どのような活動、どのような役割を担っているだろうか。よく観察して気づいたことや意外だったことをあげてみよう。

（2）「地域デビュー」の支援

　「地域デビュー」という言葉を聞いたことがあるだろうか。親になりたての保護者が子どもを連れて地域の子育てコミュニティに初めて参加することをさす「公園デビュー」にならい、長く地域外で働いていた人が定年退職などをきっかけに初めて地域コミュニティに参加することをさす言葉として、2000年代半ばから使われるようになった。当時はベビーブーム世代である団塊の世代（1947年～1949年生まれ）が60歳に到達し、多くの人が定年退職することが注目されていた。自治体では、退職した高齢住民の孤立防止、社会参加を通した健康づくりという観点と、地域の支え手として退職高齢者の活躍を期待する観点の双方から、「地域デビュー」を応援する講座や活動団体がつくられた。

　これまで地域デビュー支援の対象は、主に地域とのつながりをもたなかったフルタイム雇用の男性を想定していたが、近年、女性の定年退職者も増えており、地域デビューの難しさは定年退職者すべてが直面する問題となりつつある。人生を通した生き方やライフコースのジェンダー差は、職業生活を終える時期の、地域社会との関わり方に深く影響する。そのため、地域デビューに際して生じる課題の解決や支援には、ジェンダーの視点が求められる。

3. 活動への主体的な関わりと学び合いの支援

（1）主体的な活動を妨げるもの、促すもの

　地域活動は、継続的な参加によって参加者自身に近隣づきあい、生きがい、健康維持の効果などをもたらす。加えて、自分たちの住む地域が安心で住

みよい状態であり続けるために、自ら学び実践する学習実践をともなう。高齢者が継続的かつ主体的に活動に参加できるよう条件を整える必要がある。

高齢者の継続的な参加を妨げるものとして、自身や家族の健康状態が変化するなどし、参加が困難になることがある。自身の体力や心身機能の低下を実感し活動メンバーに迷惑をかけることを懸念したり、「もう歳だから」「こんな年齢になって」と年齢に関する「ステレオタイプ」(過度に一般化された信念や思い込み)を自分に反映させ、活動を自ら制限したりすることもある。

どうすれば参加者が自信や意欲を失わずに継続して参加できるように支援することができるだろうか。高齢者を中心としたまちづくりの活動事例から、考えてみよう。

【事例】まちづくり活動におけるふりかえりと気づき(千葉県柏市)

千葉県柏市のX町は、40年以上前から開発がはじまった都市近郊「ニュータウン」である。開発当時にマイホームを購入し移り住んできた住民は町の歴史とともに高齢化し、いまや住民の2人に1人が65歳以上である。2010年代後半に、60代から70代の住民有志が、安心して住み続けられるまちづくりのための活動組織を立ちあげた。

活動は順調だったが、数年たつと、家族の介護や体調不良によって辞めざるをえないメンバーが現れてきた。また、主要メンバーとして深く関わり続けるのは難しいという声もきかれるようになった。新たな活動メンバーを増やそうと知り合いに声をかけるなどしてはいるが、新たな仲間はそうそう増えない。

そこで、活動立ち上げ期から関わりのあった研究者ら外部支援者は、活動のこれまでをふりかえり、今後を話し合うワークショップの実施を提案した。ワークショップには活動の運営メンバー10人が参加した。参加者は事前にアンケートに回答して活動を評価し、外部支援者が集計した。

ワークショップの前半は、アンケート結果をみながら、特に評価がばらけた点について話し合った。どのような思いに基づいてこの活動が立

ち上がり、何のために活動を続けようとしているのか、活動に参加することで得られるやりがいや参加して良かったことは何かなど、さまざまなことが話題になった。後半は、今後どのような活動をしたいかを各自でカードに書き、共有した。カードを使った話し合いの結果、今後は若い住民に魅力的な企画を増やして自分たちの活動をもっと知ってもらい、多世代の活動仲間を増やすことをめざそうという目標が定まった。

　メンバーは話し合いを通して、活動に対するメンバー各自の思いや経験を共有する時間がこれまで十分にとれていなかったことに気づいた。また、自分たちの活動が町にとってどのような価値をもつのかを見直し、自信をもって活動を続けようという合意が得られた。同時に、活動についての不安を共有したことで、次の活動目標につながった。

【ワーク2】地域活動を続ける難しさと、その乗り越え方について考えよう

　この事例では、活動を続けていくなかで、どのようなことがメンバーの継続的な参加を困難にしていただろうか。年齢にかかわらず起きうる問題と、高齢者だからこその問題を、それぞれ考えてみよう。また話し合いへの参加が、メンバーにどのような気づきをもたらしたかについても、あわせて考えてみよう。

（2）活動のエンパワメントを支える

　上の事例では、参加メンバーは話し合いを通して活動に参加することで得られるもの、例えば喜びや楽しさ、地域への貢献などを共有した。活動への参加が生み出す多様な価値を実感することは、活動者個人および活動組織に力を与え、活動継続の自信につながる。同時に、自分たちの直面している課題についても話し合うことで、解決のために取り組むべき目標設定にもつながった。

　これは活動者個人レベルおよび活動レベルでの「エンパワメント」と言い換えることができる。エンパワメントとは、力をつける、引き出すという意

味の言葉で、自身が本来もつ力や可能性を知り、より良く生きることをめざし自ら行動すること、あるいはそのための力を得る過程をさす（菅原・荻野，2022）。活動のエンパワメントは、活動組織の継続や発展につながり、メンバー各人の主体的な関わりにも波及する。

　事例では、地域活動の支援者がワークショップを提案し、メンバー同士の気づきを促す話し合いの場を設定した。外部支援者は、活動のただなかにいるメンバーには自覚しづらい変化を客観的に指摘したり、ワークショップのようにメンバーらが活動をふりかえる場を設けたりすることで、メンバー同士の気づきと学び合いを促すよう支援することができるだろう。

4. 高齢者を中心とした地域活動の継続と継承

　最後に、高齢者中心の活動における継続や継承という課題をとりあげる。事例では、メンバーの減少と活動の継続が課題となっていた。ワークショップの結果、若い世代を活動に加えていく、すなわち活動の次世代への継承に取り組む方針が決まった。次世代のメンバーがすでにいる場合やみつかった場合は、その人に継承することで、自分たちが取り組んできた活動や大切にしてきた場所が、自分の手を離れても続いていくことを実感することができる。引き継ぐ側は、年上の活動メンバーの引退をめぐる選択に接することで、歳を重ねることで地域や活動との関わりがどのように変化するかを身近に学ぶ。

　多世代のメンバーから構成される活動でない場合は、引き継がず活動を畳む場合もある。活動中から他のグループと交流をもっていた場合には、他グループと合流することや、活動の一部を他グループに継承するという選択肢もあるかもしれない。これらの選択については、いかにメンバーの合意を得るかが課題であり、外部支援が必要なケースも少なからずあるだろう。事例でとりあげたワークショップは、活動の将来について継続的に話し合う場としての役割ももつ。活動の継続だけでなく、継ぎ方や閉じ方の支援も含めて、地域活動に寄り添った継続的な支援が求められる。

〔菅原　育子〕

注

1) 2023（令和5）年10月1日推計値で、総人口に占める65歳以上の割合は29.1%である。
2) 2022（令和4）年の60歳平均余命（特定の年齢の人が平均してあと何年生きられるかという期待値）は男性23.59年、女性28.84年である。
3) 内閣府（2023）の調査によると、65歳以上の男女で地域活動などに過去1年参加していない人は35.3%であり、不参加の理由は「健康、体力に自信がない」「家庭の事情」「人と付き合うのがおっくう」「活動を知らない」「同好の友人・知人がいない」と続く。

第6講　子育て支援を通じて地域のつながりをどう育むか？

学習の目標
・現在の日本社会で、子育てに関してどのような課題があるかを理解する。
・子育てに関する諸課題の解決には、当事者である子育て家庭だけでなく、地域の多様な人びとのつながりを通じた学びが重要なことを理解する。

---

1. 子育てを取り巻く環境の変化と子育て家庭の「孤立」

　日本では、1990年代半ばから現在まで、女性活躍推進や少子化対策をねらいとして、数々の子育て支援政策が政府により展開されてきた。1990年代には「エンゼルプラン」（1994年）や「新エンゼルプラン」（1999年）が策定され、保育サービスの量的拡大や、低年齢児保育、延長保育、放課後児童クラブ（学童保育）などの保育サービスの多様化が進められた。2000年代には、働き方の見直しや、結婚・妊娠・出産支援が重要な柱と位置づけられたほか、育児休業取得の推進が義務化されるなど、男性の育児参加の促進も政策に加わった。また、地域の身近な場所で子育て中の親子が気軽に集い、相互交流や育児相談ができるようにすることで、孤立感や負担感を解消することを目的とした「地域子育て支援拠点事業」や「利用者支援事業」なども推進されてきた。

　これらの政策は総じて「子育ての社会化」という方向性をもって進められてきたものであり、社会化の具体策として、子育て支援サービスの拡充と多様化に主眼が置かれてきた（斎藤, 2019）。それにより、子育ての負担や責任を家族（とりわけ母親）だけに負わせるのではなく、家族の外に出していき、子育てを社会全体で支えることが企図されてきた。しかし、およそ30年にわたり数々の子育て支援政策が講じられてきたにもかかわらず、いまだに課題は多

い。保育の量的拡大や、低賃金・高負担といった労働環境の悪さから保育士不足が常態化している。そのため、保育士の配置基準を満たしていない保育施設もあり、子どもの重篤な事故件数は増加傾向にある。また、育児休業取得率は女性よりも男性が圧倒的に低く、国際的にみても男性の家事・育児分担は低水準であるなど、子育てをめぐるジェンダーバランスの偏りは依然として大きい。

さらに、子育て家庭をめぐる問題として、児童虐待や育児不安などの問題は減るどころか深刻化しており、これらの背後に「子育ての孤立」があることが明らかになってきた。身近に相談したり助けたりしてくれる他者がおらず、孤立した状態で行われる子育ては「孤育て」とも表現される（石田編, 2023）。「孤育て」は、親の自己否定感を強め、子育てに負の影響を与える。

「子育ての孤立」を解決するためには、子育て家庭が他の家庭や地域住民とつながり、自分の子も他の子も一緒に共同で養育するような意識や環境を醸成することが重要となる。これはしばしば「子育ての共同化」（斎藤, 2019）、「共同養育」（榊原, 2023）、「育児の協同」（相馬・松田, 2023）などと表現される。本講では、子育てを介したつながりや互助関係を育み、「子育ての共同化」を実現する方法について、事例を中心に学ぶ。

【ワーク】子育てに関する課題と子育て支援の状況を調べてみよう
　現在の日本で、子育てをめぐり、どのような課題があるだろうか。国の統計データなどを参照しつつ、子どもの貧困、孤独・孤立、いじめ、自殺、虐待など、興味のあるトピックを中心に調べてみよう。また、あなたの身近な地域で、子育て家庭に対し、どのような支援が行われているのかも合わせて調べよう。

2. NPO法人「せたがや子育てネット」の取組み

「せたがや子育てネット」は、東京都世田谷区で活動するNPO法人で、2001（平成13）年に設立された（法人格取得は2004年）。同法人設立の契機は、代表理事を務める松田妙子氏が孤立した子育てを経験したことにある。夫の転勤で地元を離れ、誰にも子育てを頼ることができず、「誰かと話をしたい」「子育ての話を共有したい」と感じたという。その経験をきっかけに、地域での子育て支援活動やコミュニティづくりに尽力するようになった。

「せたがや子育てネット」は「地域の子どもを地域全体で育てる」ことをモットーに、**表Ⅳ-3**に示す事業に取り組んでいる。まず「子育て情報提供事業」では、子育て世代に幅広くアプローチできるよう情報誌やSNS、ラジオなどの多様なツールが用いられている。また、「居場所づくり事業」では、子育て家庭同士のつながりを育むため、親子が気軽に立ち寄り、交流し、悩みを相談できる場所を地域の5か所に設けている。さらに「子育ての悩み相談・支援事業」では、子育てに関するさまざまな相談を受け、必要なサポートへのマッチングを行なっている。これらの事業は、子育て家庭に直接的に働きかけて、子育ての負担を軽減・分散させる目的をもつ。

この他、子育て家庭や子育て支援団体、行政関係者、企業、医療関係者、地域住民などが幅広くつながれる「協働・ネットワーク事業」や「子育てを支える人材の育成・研修事業」なども行なっている。これらの事業を通じて、子育て家庭とそれ以外の人びととのつながりを育み、「子育てをしやすい地域にしていきたい」という意識を涵養し、そのための行動を促し、子育てを支える地域づくりに力を入れている。

このように「せたがや子育てネット」が行う子育て支援の大きな特徴は、当事者である子育て家庭に働きかける支援だけでなく、子育て家庭以外の人びとにも働きかける支援を行なっている点にある。私たちは普段、同じ地域に住んでいたとしても、それほどコミュニケーションを取らない人や、挨拶すら交わしたことがない人もいる。「せたがや子育てネット」はそういった人びとが出

表Ⅳ-3 「せたがや子育てネット」が行う事業

子育て情報提供事業	子どもの一時預け先、保育園・幼稚園の基礎知識や探し方、経験者の口コミ情報など、世田谷区で子育てをする人に向けて幅広い情報を提供している。冊子、SNS、動画、FMラジオなどの形で発信している。
子育てに関する居場所づくり事業	乳幼児の親子を対象として、好きな時間に訪れ、親子でゆっくり過ごしたり、おもちゃで遊んだり、子育て情報の交換をしたり、子育て等の相談をしたりできる居場所を運営している（名称：地域子育て支援拠点事業）。この場に来ることで、子育て家庭同士がつながることができる。また、常駐しているスタッフは、そのつながりをつくるサポートをしている。
子育ての悩み相談・支援事業	「子育てのこと何も知らないけど、どうすればいいの？」「誰も頼れる人がいないけど大丈夫かな？」「そもそもこんなことを聞いてもいいの？」など、子育てについてどこに相談すればよいのかわからない人に対して、その困り事を一緒に考え、適切な関係機関へとつなぐ手伝いをしたり、必要な情報を提供したり、困り事に対応した新たな支援を考案したりする（名称：利用者支援事業）。
協働・ネットワーク事業	世田谷区内の子育て支援団体、行政関係者、企業、医療関係者、関心のある個人などが幅広く集まり、子育てをしやすい地域をどうつくるのかについて議論するワークショップを実施している（名称：区民版子ども・子育て会議）。
子育てを支える人材育成・研修事業	中学校、高校で、赤ちゃんとのふれあい体験授業を実施している。子どもたちが赤ちゃんと接する機会が少なくなってきている中で、赤ちゃんを抱っこしたり、赤ちゃんの保護者から出産や育児の体験について話を聞いたりする機会を設けている。これにより、赤ちゃんを身近に感じてもらったり、子どもたちに「子育てをしやすい地域にしていきたい」と実感してもらったりすることを目的としている。

出典：「せたがや子育てネット」Webページより筆者作成（事業の一部を抜粋）。

会ったり、対話をしたりする機会や場を地域内に設けることで、子育て家庭とそれ以外の人びととのつながりを育むことを支援している。これは、子育て家庭を直接的に支える支援というよりも、子育てを支える基盤をつくる間接的支援である。

3. なぜ「子育ての共同化」が必要なのか

　なぜ「せたがや子育てネット」は、子育てを間接的に支える地域づくりに力を入れるのだろうか。その理由について代表理事の松田氏は次のように語る[1]。

> 　近年、子育て支援サービスは増えていますが、サービスが増えたからといって子育て家庭の孤立は解決できません。なぜなら孤立の解決には、日頃から地域の人びととコミュニケーションを取り、信頼関係や相互扶助を実感することが不可欠だからです。もし、日常的にそういった実感を得ていなければ、いざ、子育てで困り事が生じた時に、自分の悩みは小さくて誰かに相談するほどのことではないのではないか、これは自分で解決しなければならないのではないかと考えてしまい、そういった考え方が孤立につながります。
> 　また、自分が子育てで地域の人びとに助けてもらったり、お世話になったりした経験がなければ「自分が子育てをしている間は子育て支援サービスを使って育児をするけれど、それが終われば次の世代のことは自分には関係ない」と考えるようになってしまいます。ですが、そういった経験があると「次の世代に恩返しをしたい」という意識や行動が育まれるのです。

　冒頭で述べたとおり、近年、子育て支援サービスの種類も量も増加傾向にある。一方で、地域のつながりや互助関係は煩わしく思われがちで、松田氏自身も、多くの親と対話をするなかで「うちの子どもは保育園に入るので地域のつながりは必要ない」という意見をしばしば聞くという。松田氏はこれらのサービスの有用性を認めつつも、単にサービスを増やすだけでは、根本的な孤立の解決にはつながらないと述べる。その理由は、地域の人と日常的に交流する環境や習慣がなければ、いざという時、突然誰かに相談したり頼ったりしようとしても難しいからである。

　「せたがや子育てネット」は、世代の異なる人びととのつながりを醸成し、そのつながりのなかで他者に頼ったり頼られたり、相談したりされたりする経験を積むことで、互助意識を育むことを重視する（集英社「LEE」編集部、

2022)。身近につながれる場をもつことは、子育て家庭の孤独感を和らげ、自己肯定感を向上させる効果をもたらす（石田, 2023）。また、子育てという営みを通じて、人びととの水平的なつながりが醸成され、このつながりのなかで相互の信頼が育まれ、お互いさまの感覚を学ぶことができる。信頼があると自発的な協力が生み出され、相互の協力が信頼を育てるという好循環が生まれる。このような好循環は「社会関係資本（Social Capital）」と呼ばれ、私たち相互の信頼が協調的行動を促進し、社会の効率性を高めるという利点がある（パットナム, 2006）。

松田氏の発言でもう一つ重要なのは、子育てを通じて地域の人びとに助けてもらう経験が、次世代への意識や行動を高めるという指摘である。これは、心理学者エリクソン（E.H.Erikson）が、中年期の発達課題として提示した「世代性（Generativity）」の概念と重なる。「世代性」とは「次の世代を確立させ導くことへの関心」（エリクソン, 1977：343頁）をさす。子どもを育てたり、後進を導いたりするなど、次世代への関心や養育、社会貢献を意味し、成人として成熟することを示す概念である（岡本, 2005）。世代を超えた人びととのつながりのなかに身を置くことは、中高年期の大人の成長にとって非常に重要なのである。

4. 子育てを支える地域をつくるために

現在の日本社会において、地域のつながりや互助関係は衰退しつつある。個人の意見や多様性が重視される今日の社会では、「選択的関係の主流化」（石田, 2018）が起きており、私たちは自分の意思でつながる相手を選べるようになった。また、人とつながること自体を忌避する傾向も強まっており、人とのつながりは個人の自由を妨げる煩わしいものと認識されつつある（石田, 2024）。

このような社会で、子育て家庭が孤立して子育てをすれば、社会格差が広がり、子どもに負の影響が生じる。多様な子育て支援サービスを駆使できれば、子育ての負担を軽減できるかもしれないが、サービス利用を前提とすれば、各

家庭の経済状況や情報収集能力などによって受けられるサービスの量や質に格差が生じてしまう。また、子どもや高齢者、その他のハンディキャップを抱える人びとが、家族外の社会資源とつながるためには、その他の家族によるコーディネートが必要となる（宮本，2014）。これをふまえると、経済状況が厳しく、身近に相談したり頼ったりできる他者を親がもてない場合、子どもも同様の状況に陥る可能性が高くなり、負の世代間連鎖が生じてしまう。

　こういった状況を防ぐためには、地域の「社会関係資本」の充実が不可欠である。まずは「せたがや子育てネット」が取り組むように、子育ての当事者や、子育てに関心をもつ人たちのつながりを紡ぐことが重要である。加えて、地域に住む人それぞれが子育てに部分的にでも関わる状況をつくりだすことも必要である。例えば、シニア世代が子どもへの絵本の読み聞かせなどの形で、子どもたちに関わることは、世代間交流を通じてシニアの「世代性」の意識を高めることが知られている（藤原，2022）。子育てをする親への直接的な支援だけでなく、子育て家庭と地域との接点を増やし、みんなで子どもを育てているという感覚をいかに醸成できるかが問われている。

〔中村　由香〕

注
1)　本稿で引用したインタビューは、2023年6月14日に筆者が松田妙子氏に対して行なったものである。

第7講 ユースワーカーの省察をどう支援するか？

学習の目標
・ユースワーカーが直面する困難を理解し、力量形成のために省察が必要になることを説明できる。
・省察の方法を理解し、実践することができる。

1. ユースワークとその特徴

　ユースワークとは、子ども・若者（特に10代〜20代前半をさすことが多い、本講では「ユース」という）を対象とした活動である。ユースの成長と社会の発展をめざし、大人への移行期に多様なユースワーカーやユース自身によって行われる。イギリスを起源とするユースワークだが、近年日本においても少しずつその認知を広げてきた社会的活動である。

　日本においては、青少年教育という言葉で学校外のユース支援や活動が行われてきた。ユースワークと青少年教育との違いを、東京都生涯学習審議会（2021）による「東京都における今後の青少年教育振興の在り方について──ユニバーサル・アプローチの視点から──建議」では、次のように説明している。青少年教育は「青少年を、教育を受ける客体と位置づけて実施されていた」のに対し、ユースワークは「青少年が自己教育の主体」であり、「自己教育を支えるという営み」である（22頁）。

　日本におけるユースワークの場の一つとしてあげられるのは、ユースを対象としたユースセンターである。対象年齢や設備は施設によって異なるものの、中高生の年代を主たる対象とし、おしゃべりやボードゲームをして自由に過ごせるフリースペース、卓球やバスケットボールなど身体を動かすことができる場所、バンド練習ができるスタジオなどを備えているところも多い。共通

しているのは、ユースが自由に過ごせる環境が整えられ、スタッフとしてユースワーカーが常駐している点である。ユースワーカーは来館したユースたちと一緒にゲームで遊んだり、イベントを実施したり、あるいはユースワーカーが伴走してユース自身が企画するイベントを行うこともある。一人のユースと関わることもあれば、「人」と「人」、「人」と「もの」「こと」をつなげ、グループや場に対して関わることもある。ユースが安心して過ごし、多様な「人」や「もの」「こと」との出会いや経験を通して、自信を育み自身の可能性を広げられるよう、ユースワーカーは日常的にユースと関わっている。

なお、本講では施設におけるユースワークを中心に展開しているが、ユースワーカーが街中のユースに働きかけるアウトリーチの形をとるものや、オンライン上で行われるものもあり、一言でユースワークといっても多様な活動が行われている。

2. ユースワーカーのマインドセットと役割

ユースは、心身ともにゆらぎやすい年代といえる。身体の変化も大きく、特に中学生になるとそれまでとは異なる「人」「もの」「こと」との出会いも増え、世界も広がる。また大人になる手前で、将来に希望をもつこともあれば、不安を感じることもある。このような年代だからこそ、周囲の目を気にして、人間関係に悩むことも多い。ゆらぎのあるユースが、家庭でも学校でもない場所で、保護者や先生という「タテの関係」ではなく、友人や恋人のような「ヨコの関係」でもない、「ナナメの関係」となるユースワーカーと関わることは重要な意味をもつ。共に過ごす時間を通して、少し年上のユースワーカーに、時に本音で話したり、憧れを抱いたりすることがある。ユースワーカーには、彼ら・彼女らのゆらぎを受け止め、関わることが求められる。

【ワーク】事例検討をしてみよう（ユースセンターでの日常の一コマ）
　次の事例の際、以下のどの働きかけを行うか、なぜそうするかの理由も一緒に考えてみよう。①「久しぶり。会いたかったよ！」と声をかける。②様子をみながら放っておく。③その日行われるイベントに誘ってみる。④その他。働きかけを考えることができたら、ペアやグループで共有してみよう。
【事例】ユースセンター近くの中学校に通うAさんは、週に2～3回友人と一緒に利用していた。ゲームや卓球で遊んだり、ユースセンターのイベントに参加したりと楽しそうに過ごしていた。しかし、Aさんの友人たちは変わらずユースセンターを利用していたが、ある日を境にAさんはあまり顔をみせなくなった。数か月経った頃、Aさんが一人でユースセンターに来て、一人でマンガを読みはじめていた。

　ユースワークは、常にユースとユースワーカーとの複雑な相互作用のなかで行われる。ユースワーカーがユースに関わる際には、図Ⅳ-1にある五つの要素から影響を受けている。それは、①ユース自身、②ユースを取り巻く社会、③ユースワーカー自身、④ユースワーカーを取り巻く社会、⑤双方がいる社会、である。先ほど取り上げた事例でいえば、Aさんがユースセンターに来なくなった理由も、改めて一人で来館した理由も、①～⑤のどこに起因しているかは不確かであり、理由は一つだけではないはずである。五つの要素がと

図Ⅳ-1　ユースワーカーの行為を取り巻く五つの要素
出典：筆者作成。

もに変わり続けるために、ユースワーカーのユースに対する行為は難しさを増す。

　ユースワーカーが、ゆらぎのあるユースと関わることには難しさがともない、固有の専門性が必要となる。専門性をもつことの重要性については、これまで日本国内で議論されてきたが、現在も国内に統一されたユースワーカーの養成課程は存在しない。結果、ユースワーカーとして働いていても、力量形成の道のりは明らかになっておらず、各現場や個人に任されている点に課題がある。

3. ユースワーカーの力量形成と省察の方法

(1) ユースワーカーの力量形成と省察

　水野（2022）は、ユースワーカーの関わりには二度と同じ場面がないとし、省察を通して「自らの判断の前提を含めて評価すること」（36頁）とともに、自身の当たり前となっている暗黙知に問いを投げ、修正するサイクルを回していくことで、ユースワーカーが変化（力量形成）をしていくと述べている。ユースワークには、教師における学習指導要領や教科書のように関わりにおいて軸となるものがない。常にユースワーカー自身が目の間のユース、自分自身、社会を照らし合わせ、何がよいユースワークかを考えぬかねばならない。そのために、省察（リフレクション）が重要となる。

　ここで、筆者がユースワークの省察に活用しているフレームワークを紹介する（図Ⅳ-2）。このフレームワークに沿って考え、文字に起こし、記録することを推奨している。この図は、時系列に左側から右側へと進行する。上段（みえている部分）の「事実」は、ユースの状態や言動、彼ら・彼女らを取り巻く社会について列挙する。「対応」は、実際にユースワーカーが起こした行為をさし、その後、ユース自身や取り巻く環境に生じた変化が「結果」である。表面上起きていることを可視化することで、客観視することができる。この図では、「行為」や「反応・変化」と表現しているが、「何もしなかった」ことも行為であるし、「その場での反応はなかった」ことも行為後の結果になる。

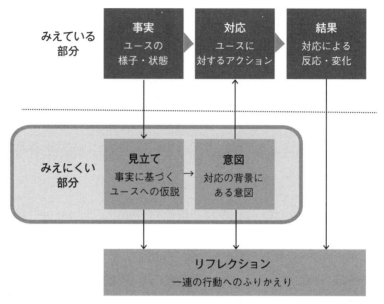

図Ⅳ-2　ユースワーカーの省察（リフレクション）の枠組み
出典：筆者作成。

　図の中段（みえにくい部分）では、行為の最中において意識下・無意識下のことを、双方合わせて言語化する。一つめは「見立て」であり、「事実」をどのようにとらえたかを記載する。二つめは「事実」に対して「対応」する際、人は何かしらの「意図」をもって決断をしており、なぜその行為をしたのかを自らの言葉で表現することに意味がある。

　最下段は、最終的なふりかえり項目となる。ここまで考えた五つの項目について、なぜそうしたのか、他の方法はなかったか、次どうするか、と思考をめぐらせる。見立てや意図をなぜそのように考えたのか、事実に対してふさわしいものなのか、意図をもっと適切に表現できる対応はなかったのか、結果に対して今後はどのように関わるのか、などである。

　このフレームワークを活用する際には、一つの場面を想定するとよい。一度に多様な場面を対象とすると、ユースワーカー自身の行為、感情や考えの変化などとらえるべき動きも多くなり、複雑性が増してしまう。みえている部分

から順にあげ、可能な限りみえにくい部分を掘り下げていく。みえにくい部分への言及は、大きく３点においてユースワーカーの力量形成につながる。

　第一に、多くの事実から見立てをつけることはユースへの理解を深め、中長期的にみても記録として残る。前述の通りユースはゆらぎのある年代であり、常に変化をする彼ら・彼女らをとらえ続けようとする積み重ねがユースをとらえる練習となる。第二に、自身の見立てや意図、対応における癖や特性を客観的にとらえることができる。第三には、事後的に対応方法を考えることから、事実や見立て・意図に合わせた複数の方法をストックできる。そのストック一つひとつが、場面への見立て・意図という背景ともセットとなった、自分なりに考え抜かれた選択肢となり、次の場面において瞬時に判断する際の材料となる。この思考の積み重ねが、ユースワーカーの力量形成を推し進める。

（２）　他者と共に行う省察

　前項で紹介した、表面にはみえていない本質的な部分に気づくためのフレームワークの活用には難しさがともなう。自身の行為を客観的にとらえ、自身の思考や行為の癖に気づくこと、相手への見立てや行為の選択肢を広げることは、特に若手のユースワーカーには難しい。

　他者が介在した省察を実施するために、ユースワーカー同士で行うピアリフレクションや、一つの事例をチームでとらえて検討する事例検討会の機会を設けている現場もある。どちらも一人で取り組むよりも、他者からの質問や意見によって事象を一緒にみる視点が増え、客観的視点をもって省察することができる。しかし、現場によって実施回数やその精度が異なり、実施していない現場も少なくない。また組織内で実施する場合、組織の方針が先立ち個々人の力量形成に焦点を当てづらいことや、職場の人間関係が影響して適切な議論にならない場合もあり、育成の観点において十分とはいえない。

　そこで最後に、ユースワーカー自身による質の高い省察を支援する「プロンプター」という役割を紹介させてほしい。英語の「prompt」とは「刺激する」ことであり、プロンプターは、省察を促す役割を担う。ユースワーカーが、他者からの刺激を受け、さらに広く深く物事をとらえ、気づき、学ぶため、つま

りより深い省察を促すために、第三者であるプロンプターが介在する。プロンプターは組織外の人間であることが望ましく、ユースにとってのユースワーカーと同様に、ユースワーカーにとっての「ナナメの関係」の存在となる。

　いまだ職業としては存在しないが、場面によってはプロンプター的役割を担う人がその時々で存在する。今後さらに複雑化する社会のなかで、専門性をもつユースワーカーを増やしていくためには、プロンプターによる支援が必要となると筆者は考える。

〔佐渡　加奈子〕

第8講 地域の変革に向けた学習の循環や継続をどう生み出すか？

> 学習の目標
> ・地域における日常的な学習支援の実際を理解する。
> ・学習と地域の変革がつながる循環・継続の様相とその支援のあり方を理解する。

1. 地域の変革に影響を及ぼす学習とは

　公民館は地域の人たちの身近な生涯学習の拠点である。毎週、公民館に行ってヨガや体操をし、仲間と共に汗を流して何気ない話をする。日本の各地でみられる地域学習の一つだ。運動以外にも、芸術、音楽、インターネットを介した学び、あるいは自然環境や歴史などのテーマ学習も日々、生活に近いところで実施されている。もちろん、参加する市民は、そのことで暮らしに何らかの潤いを得ているだろう。しかし、それが地域を変革するほどの影響を与えているかというと、そうはいいきれない。一つひとつの学習活動を地域の変革に向けた継続的な学びとするためには、学びのコーディネートが関係する。

　地域における学習の継続とは、個々人の学習の継続を必ずしも意味しない。また、定期的に開催されるサークルやテーマ学習を行う団体やグループの継続性というわけでもない。個人の経験や知識を交換し合い、実践と学びを繰り返して人から人へ誘い誘われ、仲間ができる。その仲間との出会いから、また次の地域学習が生まれ、実践と学びが繰り返される。すると地域社会に生きる人びととの学びの範囲は広がり、おのずとその地域の生きにくさを抱える人びとへの共感や未来を担う子どもたちにも向けられる。出会いや交流から、出会う仲間たちとの関係から地域学習が生まれ合う。その循環が、地域を変革する

地域学習の継続である。地域をフィールドに、出会いや学習が生態系のように次の学習を生み、支えて広がる、絶え間ない学びのスパイラルである。

　学びの循環を生むような地域学習には、必ずしも予算が必要というわけでも、参加人数が多いことがよいというわけでもない。住民にとって参加しやすい、つまり参加してみたくなるものであり、誘ってみたくなるものであることが重要だ。そのきっかけとして、住民同士の対話と地域の誇りを実感できるような、聞き取る（思い出す）、行ってみる、やってみる、食べてみるといったプロセスが、「参加してみたい」「誘ってみたい」を生み出す。

2. 繁多川公民館の取組み

　沖縄県那覇市には人口約315,000人が暮らし、約40km²のなかに7館の公立公民館がある。繁多川（はんたがわ）公民館はその一つとして2005（平成17）年に開館した。一部業務委託でスタートし、2017（平成29）年から指定管理者制度が導入され、NPO法人1万人井戸端会議が運営している。

　日中の公民館では、体操をしたり、民舞をしたり、沖縄らしい三線の音色も聞こえ、週1回のサークル活動を楽しむ姿がみられる。一見すると、全国に約13,800館ある公立公民館と大きな違いはみられない。しかし、よく観察すると事務所ロビーでのスタッフと、あるいは利用者同士の多様な出会いや対話の場面の多さに気づくだろう。また繁多川公民館のスタッフは、館内だけではなく地域へ出向く事業も多い。外に出ていくスタッフについていくと、より違った景色がみえてくる。先ほどまで公民館でサークル活動をしていた人が、学校での授業をサポートしている。別の人は、美化活動をしている、また別の人は平和学習のための調査活動をしている。一緒に歩いているだけでさまざまな住民とあいさつを交わすことができ、時としてその場で打合せがはじまる。このようにたまたま出歩いても、毎日、地域のあちこちで同時多発的に学びの営みが生まれていることがわかる。

　こういった方々の力で、学校教育や地域自治の活動を通して、コツコツと暮らしに変革を起こし、大げさにいえば新たな社会の創造が行われる。他の地

域の方から「繁多川公民館の地域は活動的な人が多いですね」と声をかけられることがよくあるが、たまたま活動的な人が集まってきたわけではない。なかには、もともと地域活動をしていた方もいるが、多くは公民館の講座やサークルなどに関わりながら活動を展開させてきた。一見特別ではない地域のサークルや、有志の団体の人たちに何が起こったのであろうか。現在、サークル以外に公民館の地域学習支援によって生まれた任意団体が約40団体あるなど、自ら考え行動するきっかけが繁多川公民館にはある。

3. 地域の誇りを実感できるプロセスづくり

　具体的に繁多川公民館での地域の誇りを住民が実感するプロセスをみていきたい。公民館が開館初期に取り組んだ「繁多川見聞録」という講座がある。地域に詳しい高齢者を話者として大学生や関心のある大人が聞き取りをするという講座で、2005（平成17）年から3年ほど継続して行われた。話者の方々が最初によく言っていたのは「どこの地域も同じだよ。私から聞いても勉強になることはないよ」という言葉だった。しかし、昔の行事や食、戦争の事などの聞き取りを進める（思い出してもらう）うちに、「繁多川の豆腐はとても美味しくて有名だった」と語るようになった。そして自分で答えられない質問には、もっと詳しい話者を連れてくることで仲間が増えていった。対話は続き、聞き手はなぜそんなに美味しかったのか、今の豆腐と比べてどんな豆腐だったのか、を問う。そして豊かな湧水や在来大豆の存在を知り、「口に入れたらふわっと溶けるという昔の豆腐をもう一度食べてみたい！」というムーブメントが起こった。

　そこから在来大豆探しがはじまり、家庭菜園で栽培し、昔ながらの豆腐づくりを復活するプロジェクトへと発展した。話をよく聞いていくと戦争でこの地域の多くの男性が亡くなり、戦後の復興を支えた生業も豆腐づくりであったようだ。地域の復興と深く結びついていた豆腐づくりについて、話者、参加者、そして公民館のコーディネーターが認識することになった。当初、どこの地域も同じだよと言っていたように、地域の誇りや大切にしたいこと、地

域の課題などは言語化されているとは限らない。この間、食べてみたいと思ったエピソードがあれば実際にみんなで再現し食べてみたり、行ってみたい場所へ行ってみたり、民具などを復元したり、対話からの実践を繰り返すようにした。そういった往還から、子どもたちにも故郷を誇りに思ってほしいという思いが膨らみ、在来大豆と豆腐づくりが学校教育に展開するきっかけになった。

　学びの旅は、ここでは終わらない。ここまでの取組みで人から人へ紹介され、地域で実践を続けてきた経験豊富な地域住民の姿がみえてきた。この人たちにこれからも自分の経験を学校や地域の活動に活かしてほしいと「すぐりむん」（沖縄の言葉で優れた人の意味）の認定を行うこととなった。2024（令和6）年3月現在で130名の方が認定されている。そのなかの一人が、小学校での豆腐づくりを手伝ってくれた。その翌日、公民館の窓口で「昨日の子ども達との豆腐づくりは良かったね。また来年も頑張れるように体操してくるね」とサークル活動に向かわれた。活動することへの生きがいもさることながら、自らを高める機会にもしてくれていることがわかる。このように学びの連鎖は、サークル内でのよりよい生き方にも影響を与え合う。サークルのなかに、認知症が進んだ人がいれば、その勉強会を公民館に提案するなど出会った誰かの困りごとに対し、学ぶことで道を切り開こうとする。自分事として社会をとらえ、個々の内発的なエネルギーが原動力となって社会を変革させる種となっている。

　すると出会う人や、直面する社会課題によって地域の誰かの困りごとを「ほっとけない」住民が増加し「やってみたい」が加速することになる。しかし、いざ実践をしようと思っても、どうすれば気づいた社会課題を改善できるのか、またすでに取り組んでいる人や活動事例があるのかの現状もわからないが、それで構わない。だからまた学ぶことができる。コーディネートする側も同様である。調査という名のもとに、あるいは社会実験するという名のもとに、現状を知っている人や当事者、詳しい人に展開が広がっていく。このエネルギーを活かせるかどうかは、コーディネーターの存在が大きい。受け止めてくれる、一緒に考えてくれる、まずは話してみようと思ってもらえる、ということが継続した学びには必要不可欠である。

4. 変革につながった三つの事例

　こうした公民館を通した地域活動をふまえて、結果的に地域の変革につながっている事例を三つ紹介しよう。どのプロジェクトも、別々のようだが、プロジェクトは横断的にまたがり、公民館の活動経験者が混じり合うことで、実は補完し合う取組みになっている。

（1） インクルーシブな地域への変革

　コロナ禍で閉館が続いていた公民館で、比較的免疫力の高い20代から50代の意見交換会を実施した。延べ50名ほどの方とお話しするなかで、孤立を防ぎ、人が集う屋外の場をつくるなど、いくつかのプロジェクトが生まれていった。地域の事を想い、自分に何ができるだろうかと語り合った仲間たちは、もっと話したくなり、公民館広場で火を囲みながら語り合う会を開催することになった。特にプログラムはなく、予算もいらず、焚火とお湯だけ用意して、あとは持ち寄りで大人も子どもも来てよい場とした。公民館で遊んでいた子、通りかかった人、話をしたかった人、手伝っているうちに帰りたくなくなった人、いろんな人が輪に入ってきた。

　そのなかに、性的マイノリティという理由で生きにくさを抱えている人が楽器をもって参加してくれた。マイクの前で「地域にはこんな人もいるということを知ってほしい」と語り、曲を披露してくれた。そこに参加している小・中学生が、この方に対して別の場で傷つけるような言葉を浴びせていたのを、筆者は見聞きしたことがある。しかし、この時は大人も子どもたちもその言葉を共に受け止め、大きな拍手を向けた。その後、この方は、地域の大きなお祭りにも出演するなど自分の表現を活発にするようになった。この他にも精神障がいや知的障がいを抱えている方もこの会に参加し、地域にはいろいろな人が住んでいて、さまざまな価値観があることを共有する機会となった。放課後、子どもたちと混ざって遊ぶ姿や大人と会話する姿が公民館の景色となっていった。

(2) 学校との創造的な教育環境づくり

　繁多川公民館には、問題行動を起こしてしまい停学になった生徒を公民館で１週間預かり、社会体験してもらう独自のプログラムがある。また学校に行きたくない児童生徒が公民館に「登校」できる取組みも行なっている。毎日５〜10名の児童生徒が入り交じり、昼食づくりやスタッフの手伝い、体験活動などを行なっている。ある時、停学中の高校生と部屋の拭き掃除をしていたところサークルの方が入ってきて、「かっこいい若いお兄ちゃんがいる。掃除してくれたおかげで気持ちよくできるさ、ありがとう」とバッグから取り出した黒糖を下さった。そんなサークルや地域の人との時間が何日も続くと、目つきが変わり「次は何をしたらいいですか？」と聞いてくるようになった。大人や社会への信頼感が芽生えてきているのだろう。

　取組みの影響は子どもたちに対してだけではない。活動する児童生徒の姿がみえることで、地域の大人たちも、不登校や貧困、生きにくさを抱える子育て世代の増加などの社会課題が自分たちの地域にも存在することを実感できる。実際に、公民館での居場所から派生して、スタッフが定期的に学校へ出勤し、学校のなかでの魅力ある授業づくりや居場所づくりにも取り組みはじめた。学校へ関わる大人が増え、学校ではない場所にいる子どもたちへの声かけが変わり、居場所を支える資金面での支援をするサークルや個人が増加した。また一緒にご飯をつくるなど、体験活動を行なってくれる大人が増えた。

(3) 防災力の強いまちづくり

　繁多川公民館の近くの地域は、住宅が密集し、道路が狭いことから災害時に避難や救助で道が塞がったり、緊急車両などが通れなかったりする防災上の課題を抱えている。そこで琉球大学と連携して細い道と行き止まりの調査を丁目ごとに行うことになった。共に調査を行うのは、その丁目に住む「すぐりむん」や自治会員、福祉や防災に関わる方々である。実際に歩いて道幅をメジャーで測ったり、倒壊しそうなブロック塀を記録したり、災害時に支援が必要な世帯がないかどうかを確認するうちに、特に優先して対処した方がよい箇所やエリアがわかってきた。調査の最後に、誰が改善すべきかの整理を行うの

だが、半分くらいはその場で解決してしまう。参加したすぐりむんや自治会員が、そこの地権者と掛け合って対処してしまうからだ。なかには、避難救助するため、行き止まりになっている壁に穴を開けた方もいる。行政の区画整理を待っていたら何十年かかるかわからないが、私有地を通って避難すればすむ場合もたくさんあるのだ。しかし、この避難経路も、実際の避難の際に地域の方に使ってもらわなくては意味がない。そのため行政にも立ち会ってもらい、公認の避難救助口として明記してもらった。地域の課題を自分事にしていったこのプロセスが、結果的に、防災意識を普段から持てる市民と自助、共助のまちづくりにつながっていった。

　しかし、実は行政と協働で行わなければ、変革につながらない。住民と公民館だけではなく、行政と協働して実践する体験が「自分たちが考え、話し、行動次第で地域は変わる」ということを実感することにつながる。変革のパートナーとしていろいろな機関とつながるという体験上の仲間の蓄積がさらなる地域学習を促すことになる。

> 【ワーク】三つの事例を分析してみよう
>   以下の点について、書き出してみてグループで共有してみよう。
>   ①　三つの事例において、実際の変革につながるターニングポイントとなる活動や出来事は何か。
>   ②　この三つの事例で共通することやつながりは何か。

5.　自らが住むまちを変革し続ける地域力

　近年、地域課題を解決することが、地域学習支援を担う公民館の役割として求められることも少なくない。しかし、いくら努力しても実際に地域課題がなくなることはない。例えば行き止まり調査も、行き止まりが解消されたらそれで地域の課題がゼロになるわけではない。地域に独居高齢者も増えてきたことから、災害時に家から出ることができなかったり、避難口までたどり着けな

かったりする課題は残される。このようにどこまでいっても地域課題はなくならず、形を変えて残り続けるのだ。そうだとしたらその課題に対処することを目的とするのではなく、課題に向き合うプロセスを通して、住民自らが住みよいまちづくりの変革をし続ける地域力を養うことをめざすべきである。

　しかし、単にかつての自治力が高かった地域力の復活を呼びかけているわけではない。外国籍の人、障がい者、子育て世代、貧困や孤立を感じている人など生きにくさを感じている人とのつながりが増すほど、地域の変革のプロセスにより大きく関わってもらえることになる。終わりのみえない地域課題を媒介にして、絶え間ない学びがなされ、そのことが誰かの生きやすさにつながっていくのだ。また住民は地域課題の解決のためだけに生きているわけではないということも忘れてはならない。一人ひとりの生きがいや、内発的にわき起こる、知りたい、食べたい、行きたいなどの気持ちが地域学習の根底にある。

　地域学習支援の継続は、地域の変革に大きな影響を与える。それを意図して展開するには、対話ができる拠点やコーディネーターが重要となる。この役割を担うのは公民館でなくてもよい。またコーディネートするスキルも、最初から培われている必要はない。大事なのは住民と共に成長できるマインドである。できないことを恥じるのではなく、できないからこそつながり、学ぶ理由ができる。豊かな経験をもつコーディネーターの側で一緒に企画を実施することにも意義がある。対人でのコミュニケーションを通して事業が展開されるため、人との距離感や声かけ、向き合い方などテキストでは得られないことが学べる。また、コーディネーターが孤軍奮闘していては地域学習支援の効果は十分に発揮できない。安心して働けて、将来を描けるようなマネジメントと人材育成が重要であろう。

　改めて、学習支援を継続できる地域に存在するものは何か。一人の人間として自分に向き合い、自分を表現でき、自分を認めてくれる仲間がいる。よりよく生きようと互いに高め合う関係性が生まれ、社会のためにも自分のためにもできることがあると本人と仲間も実感できる。地域がそのような場であり続けられるなら、どんな課題にも立ち向かえる変革の力は後からついてくる。

〔南　信乃介〕

第Ⅳ部　参考文献・資料

【1講】
解説教育六法編修委員会編（2021）『解説教育六法』三省堂.
丹間康仁（2021）「コロナ禍における公民館利用団体の学習活動の状況 ― 日野市中央公民館を事例として」『日本公民館学会年報』18号，118-130頁.
丹間康仁編（2022）『ここから紡ぐあなたの物語 ― 公民館とともに歩む〈コロナ禍に向き合う社会教育Ⅲ〉2021年度大学地域連携成果集』.
丹間康仁編（2024）『踏み出そう！ この一歩 ― 誰もが集える学び場へ〈コロナ禍に向き合う社会教育Ⅵ〉2023年度大学地域連携成果集』.
寺中作雄（1949）『社会教育法解説』社会教育図書.

【2講】
亀島山地下工場を語りつぐ会編（2010）『水島のなりたちと亀島山地下工場』吉備人出版.
林美帆（2023）「倉敷市水島の公害資料館開設とアーカイブズ ― みずしま資料交流館ができるまで」『日本の科学者』58巻5号，17-22頁.
除本理史（2022）「戦後日本の地域開発と公害」除本理史・林美帆編『「地域の価値」をつくる ― 倉敷・水島の公害から環境再生へ』東信堂，11-23頁.
除本理史（2023）「『困難な過去』の定義について」『経営研究』74巻3号，86-96頁.
除本理史・林美帆・藤原園子（2023）「公害学習とツーリズム ― 岡山県倉敷市水島地区の取り組み事例」『経営研究』74巻2号，1-14頁.

【3講】
祐成保志（2017）「住生活の再建と仮設住宅」『都市住宅学』98号，37-43頁.
全国社会福祉協議会（2018）「東日本大震災　岩手県・宮城県・福島県のボランティア活動者数（2018年3月掲載）」.
似内遼一（2022）「住民主体のまちづくりのプロセスとデザイン」荻野亮吾・丹間康仁編『地域教育経営論 ― 学び続けられる地域社会のデザイン』大学教育出版，187-199頁.
似内遼一・新雅史・後藤純（2023）「住宅復興後の地域における仮設期の社会活動の影響に関する研究」『住総研研究論文集・実践研究報告集』49巻，121-132頁.
日本経済団体連合会（2016）「2015年度社会貢献活動実績調査結果」.
三菱総合研究所（2020）「令和2年度統計データ等を活用した東日本大震災復興期間10年間の経過に関する調査事業報告書」.

森川すいめい（2018）「『ハウジングファースト』という試みが始まっている」稲葉剛・小川芳範・森川すいめい編『ハウジングファースト ——住まいからはじまる支援の可能性』山吹書店, 11-19頁.

Russell, C. & McKnight, J.（2022）*The Connected Communities: Discovering the Health, Wealth, and Power of Neighborhoods*, Berrett-Koehler Publishers.

【4講】

尾上浩二・熊谷晋一郎・大野更紗・小泉浩子・矢吹文敏・渡邉琢（2016）『障害者運動のバトンをつなぐ——いま、あらためて地域で生きていくために』生活書院.

川島聡・飯野由里子・西倉実季・星加良司（2016）『合理的配慮——対話を開く、対話が拓く』有斐閣.

児玉真美（2023）『安楽死が合法の国で起こっていること』筑摩書房.

小林学美（著）・石川貴幸（絵）（2023）『共生社会のアサーション入門——差別を生まないためのコミュニケーション技術』明石書店.

スー, D. W.（2020）『日常生活に埋め込まれたマイクロアグレッション——人種、ジェンダー、性的指向：マイノリティに向けられる無意識の差別』（マイクロアグレッション研究会訳）明石書店.

全国自立生活センター協議会編（2001）『自立生活運動と障害文化——当事者からの福祉論』現代書館.

寺本晃久・岡部耕典・末永弘・岩橋誠治（2015）『ズレてる支援！——知的障害／自閉の人たちの自立生活と重度訪問介護の対象拡大』生活書院.

長瀬修・川島聡・石川准編（2024）『障害者権利条約の初回対日審査——総括所見の分析』法律文化社.

藤井渉（2022）『ソーシャルワーカーのための反『優生学講座』——「役立たず」の歴史に抗う福祉実践』現代書館.

【5講】

菅原育子・秋山弘子（2024）「長寿社会の課題とアクションリサーチ」日本発達心理学会編、佐藤眞一・薗田洋美・田島信元責任編集『高齢期の発達科学』新曜社, 218-231頁.

菅原育子・荻野亮吾（2022）「地域活動を通した高齢者の学習過程——『コミュニティ・エンパワメント』の観点からの検討」日本社会教育学会編『日本の社会教育66集 高齢社会と社会教育』東洋館出版社, 54-66頁.

内閣府（2023）「令和5年度高齢社会対策総合調査（高齢者の住宅と生活環境に関する調査）」.
　URL：https://www8.cao.go.jp/kourei/ ishiki/r05/zentai/pdf_index.html

【6講】

石田光規（2018）『孤立不安社会 ― つながりの格差、承認の追求、ぼっちの恐怖』勁草書房.

石田光規（2023）「NPOが支える『ふつう』の母親たち」石田光規編『「ふつう」の子育てがしんどい ―「子育て」を「孤育て」にしない社会へ』晃洋書房，60-86頁.

石田光規（2024）「現役世代の人づきあいに対する意識」『生協総研レポート』101号（「人々のつながりの実態把握に関するアンケート調査」報告書），70-83頁.

石田光規編（2023）『「ふつう」の子育てがしんどい ―「子育て」を「孤育て」にしない社会へ』晃洋書房.

エリクソン，E. H.（1977）『幼児期と社会Ⅰ』（仁科弥生訳）みすず書房.

岡本祐子（2005）「『成人期の危機』をとらえる視点と理論」岡本祐子編『成人期の危機と心理臨床 ― 壮年期に灯る危険信号とその援助』ゆまに書房，3-40頁.

斎藤みほ（2019）「『子育ての社会化』を『私事』と『公事』を超えて捉え直す ― 共同保育所における子育ての共同化の試みを事例として」『子育て研究』9巻，42-55頁.

榊原智子（2023）「深刻化する子育ての孤立と解決のカギ ― 少子化対策を超えて、全ての親と子を支える『共同養育』の社会へ」『生活協同組合研究』573号，14-22頁.

集英社「LEE」編集部（2022）「『せたがや子育てネット』松田妙子さんがコロナ禍のフードパントリー活動で感じた胸のザワザワと"お互い様"の互助精神」（URL：https://lee.hpplus.jp/column/2427927/）

相馬直子・松田妙子（2023）「地域づくりとしての育児の『協同』― ケアリング・デモクラシーをめぐる世田谷の実践」『生活協同組合研究』573号，31-43頁.

特定非営利活動法人せたがや子育てネットホームページ（URL：https://www.setagaya-kosodate.net/）

パットナム，R. D.（2006）『孤独なボウリング』（柴内康文訳）柏書房.

藤原佳典（2022）「異世代交流と高齢者の社会貢献」堀薫夫編『教育老年学』放送大学教育振興会，177-195頁.

宮本みち子（2014）「貧困と社会的孤立」『生活協同組合研究』460号，5-13頁.

【7講】

東京都生涯学習審議会（2021）「東京都における今後の青少年教育振興の在り方について ― ユニバーサル・アプローチの視点から ― 建議」.

水野篤夫（2022）「省察的実践と実践を記録すること」ユースワーカー協議会編『ユースワーカーハンドブック2 ― ユースワーカー基礎編』ユース支援専門職養成研究所，33-36頁.

第Ⅳ部　さらに学びを深める資料

【1講】

長澤成次編（2023）『公民館で学ぶⅥ ― コロナ禍を超えて未来を創る』国土社.

　地域における公民館の役割を多様な実践の記録から論じる。1998年からシリーズ化され、千葉県内の事例を幅広く取り上げながら、時々の法制度や政策上の課題にも迫る。6作目ではコロナ禍を経た公民館のあり方を展望した。

【2講】

安藤聡彦・林美帆・丹野春香編（2021）『公害スタディーズ』ころから.

　公害学習の入門書。過去の公害から、現在の課題まで公害の事象別に学ぶことができる。被害者・原因企業・行政などさまざまな立場の聞き書きや、公害の経験を伝える活動の実践例の紹介がある。公害資料館のリスト付き。

清水万由子・林美帆・除本理史編（2023）『公害の経験を未来につなぐ ― 教育・フォーラム・アーカイブズを通した公害資料館の挑戦』ナカニシヤ出版.

　公害資料館ネットワークの活動から生まれた冊子。公害資料館ネットワークで重ねてきた議論をまとめた研究書。環境教育やアーカイブズ、博物館学からのアプローチで公害資料館について論じている。

【4講】

臼井久実子編（2023）『障害のある人の欠格条項ってなんだろう？ ― Q&A：資格・免許をとって働き、遊ぶには』解放出版社.

　障害や病気を理由にした資格や免許の制限としてどんなものがあるのか、これらの状況を改善するため、これまでどのような取組みがなされ、今後どうすればよいのか、といったことを平易な言葉でまとめた一冊。

【6講】

相馬直子・松木洋人編（2020）『子育て支援を労働として考える』勁草書房.

　子育て支援の現場で仕事をする人びとの労働実態に迫った1冊。労働時間や賃金などのリアルなデータが丁寧にまとめられている。子育て支援は、地域の子育てを支える重要な仕事であるにもかかわらず、アンペイドワークの延長線上にみなされやすい労働であるという問題提起がなされている。

【7講】

ユースワーカー全国協議会（準備会）編（2019）『ユースワークって何だろう!?―12の事例から考える』ユース支援専門職養成研究所.

　ユースワークにおける12の場面といくつかの対応例が記載されている。自身の対応を検討し、省察の練習をするために活用できる教材である。

コルトハーヘン, F.（2012）『教師教育学―理論と実践をつなぐリアリスティック・アプローチ』（武田信子監訳）学文社.

　教師が力量形成をするための省察の方法としてALACTモデルが紹介されている。ユースワーカーと同様、教師も同じ場面が二度と起きず、その場で考え判断し動く対人関係専門職であり、その理論には学ぶべきところが多い。

【8講】

公民館のしあさって出版委員会（2021）『公民館のしあさって』ボーダーインク.

　公民館の成り立ちから、繁多川公民館などの先進的な公民館の活動、これからの公民館の姿までを生き生きと描いた書籍。イラストや図表をふんだんに用い、インタビューなどを通じて公民館の可能性をわかりやすく解説している。本書を通じて、地域社会に公民館が存在することの意味を深く考えさせられる。

索　引

アルファベット

EFA（Education For All）　47
OECD（経済協力開発機構）　27, 30
SDG4　47
SDGs（持続可能な開発目標）　47, 168
VUCA　57
WHO（世界保健機関）　174

あ行

アイスブレイキング　81, 82, 84
アイデンティティ　20, 21, 22, 25, 116
アウトリーチ　211
アクティブ・シティズンシップ　39, 40, 41
アクティブ・シティズンシップ教育
　　　　　　　26, 36, 37, 38, 39, 40, 41
アクティブ・ラーニング　i, 56
足場かけ　3
アージリス（C. Argyris）　94
アセット（地域の資産）　169, 188
アセット・ベースド・アプローチ　188
ALACT モデル　229
アンコンシャスバイアス　31
アンドラゴジー →「成人教育学」も参照。
　　　　　　　　　　2, 9, 12, 13, 32
アンペイドワーク　29, 228
暗黙知　94, 95, 131, 213
アンラーニング　32, 33
アンラーン　13, 18
意識変容　68
居場所づくり　139, 151, 157, 205, 206, 222

移民　45, 48, 49, 165
インパクト評価　105, 111
インフォーマル教育（非定型教育）　14
ウェンガー（E. Wenger）　33
「奪われた」学習　43
うらほろスタイル教育　118, 119
越境学習　32, 35
エリクソン（E. H. Erikson）　21, 22, 208
エンパワメント　3, 39, 40, 48, 95, 106, 115, 141, 150, 169, 200, 201
オンラインコミュニケーション　85, 110

か行

外国ルーツ　ii, 45, 115, 149, 150, 151, 152, 153, 154
外国ルーツの子ども・若者　115, 149, 150, 153
関わりしろ　182
学習権　171, 172
学習権宣言　171
学習支援教室　151, 154
学習支援事業　143, 144, 145
学習指導要領　i, 6, 14, 56, 213
学習としての評価　106
学習の権利　170
学童保育　114, 136, 137, 138, 139, 141, 142, 165, 203
学童保育指導員　114
仮設住宅　183, 184, 185, 186, 187, 189
課題提起教育　2, 7, 8, 9, 10
学校統廃合　60, 119
学校を核とした地域づくり　155, 156

活動のふりかえり　126
カリキュラム　5, 6, 7, 45, 48, 130, 150
仮暮らし　183, 184, 186, 187, 188
仮暮らし期　168, 169, 184, 188
環境醸成　40, 170
キー・コンピテンシー　27
気候変動　38, 94, 171
基礎教育　30, 37, 44
基礎教育保障　3, 44, 47
ギデンズ（A. Giddens）　20
義務教育の段階における普通教育に相当する機会の確保等に関する法律　45
キャリア・アンカー　26
キャリア・デザイン　26
教育課程　5, 117, 118, 119, 120, 151, 156
教育評価　100, 101, 102, 105
教育旅行ツアー　181
共感的理解　161
共生　114, 141, 168, 192, 195
共生教育　141
行政評価　105
共同学習　54, 59, 110
協働型評価　106
居住環境点検　168
居住環境点検活動　185
銀行型教育　2, 7, 8, 9, 10
グランド・ルール　61, 80
グループダイナミクス　98
ケアする学校づくり　156
〈ケア〉的関係　139
経験学習　32, 33
経験学習サイクル　32, 34
形成的評価　76, 102, 103, 105
傾聴　8, 58, 61

言語化　7, 34, 90, 91, 93, 94, 95, 126, 168, 176, 181, 214, 220
行為の中の省察　94, 95
公害資料館　177, 178, 228
公的社会教育　4, 10, 40, 105
合理的配慮　79, 84
高齢者の社会参加　169, 196, 197
国際人権規約　153
孤育て　169, 204
子育て支援サービス　203, 207, 208
子育ての共同　169
子育ての共同化　204, 207
子育ての孤立　204
子育ての社会化　203
コーディネーター　115, 155, 156, 157, 158, 159, 160, 161, 219, 220, 224
子ども食堂　144, 180
子どもの権利条約　153
子どもの参加　128
コミュニティ教育　39
コミュニティづくり　185, 186, 187, 205
コルブ（D. Kolb）　32
コロナ禍　103, 138, 171, 172, 173, 174, 175, 221, 228
困難な過去　168, 176, 177, 178, 179, 180, 181, 182

さ行

在日コリアン　44, 45, 49, 179, 180
サービスラーニング　ii, 130, 131, 134
参加型評価　106
三間の喪失　136
JSLカリキュラム　150
支援依存　188

ジェンダー差　198
ジェンダーバイアス　83, 84
ジェンダーバランス　204
識字学級　44, 45
識字・基礎教育　26, 37
識字教育　7, 9, 37, 38, 48
識字教室　37, 44
自己決定　7, 36, 39, 68, 106
自己決定性　9, 68
自己効力感　36, 39, 106
自主研修会　159, 160
自主夜間中学校　44, 45, 46
次世代への継承　22, 201
実践コミュニティ　33
実践知　94
質問　54, 63, 64, 65, 66, 67, 68
シティズンシップ　3, 39, 40, 41
シティズンシップ教育　37, 38
シャイン（E. H. Schein）　26
社会関係資本　208, 209
社会教育法　105, 155, 170
社会に開かれた教育課程　i
18歳成人　36
生涯学習プログラムの評価　101, 102, 103
障害者運動　190
障害者権利条約　191
障害者差別解消法　84
障害者の権利　191, 192
障害者の生涯学習支援　190, 191
条件整備　59, 170, 175
職業スキル教育　26, 37
職場学習　31, 32, 34
職場体験　119
ショーン（D. Schön）　94, 95

自立生活運動　190
自立生活センター　195
新型コロナウイルス感染症（COVID-19）
　　85, 171
人生100年時代　2, 30
心理的安全性　61, 77, 127
スクリヴェン（M. Scriven）　100
ステレオタイプ　199
スーパー（D. E. Super）　19
生活課題　184, 185, 186
生活記録　59
生活困窮者自立支援法　143
生活づくり　138, 139, 141
生活を通した学び　114, 138
省察→「ふりかえり」「リフレクション」
　も参照。　8, 9, 54, 55, 94, 95, 106, 131,
　142, 169, 210, 213, 214, 215, 216, 229
省察性　27
青少年教育　210
成人教育　5, 10, 26, 37, 38, 39, 40, 42, 66,
　67, 68, 82, 95
成人教育学→「アンドラゴジー」も参照。
　　9, 12
正問プロジェクト　66, 67
世界教育フォーラム　47
世代性　21, 22, 169, 208, 209
選択的関係の主流化　208
総括的評価　76, 103, 105
総合的な学習の時間　117, 119, 120, 152

た行

体験機会の格差　136
ダイバーシティ　57
対面場面　85, 86

索引 233

対話と学びの空間　77
多文化共生　149, 152
多様なバックグラウンド　115, 143, 147, 148
誰一人取り残さない　168
地域学習　116, 117, 118, 119, 121, 122, 164, 217, 218, 223, 224
地域学校協働活動　155, 158
地域学校協働活動推進員　155, 158
地域学校協働本部　155, 156, 157, 158
地域活動　4, 35, 129, 157, 169, 196, 198, 200, 201, 202, 219, 221
地域協働教育　129
地域実践者　114, 129, 130, 131, 132, 133, 134
地域創造型教師　121, 165
地域デビュー　198
地域とともにある学校　i, 156
地域の誇り　178, 218, 219
地域力　223, 224
地(知)の拠点整備事業(COC)　129
地方創生政策　118
鶴見俊輔　13
デザインモデル　71, 72
問い　54, 60, 61, 63, 64, 65, 66, 67, 68, 99, 106
統括コーディネーター　158, 159, 160
当事者の経験　168, 176, 181
同調圧力　115, 153

な行

ナナメの関係　211, 216
ナラティブ・アプローチ　3, 25
ニーズ・ベースド　188

日本語教室　154
ニューカマー　44, 45, 49
認知的多様性　61
認知的徒弟制　32, 33, 34
ノールズ(M. S. Knowles)　2, 12, 13, 32
ノンフォーマル教育(不定型教育)　14

は行

バイアス　83, 84
パターナリズム(家父長的温情主義)　192
発達課題　2, 22, 27, 208
発達障害　148
発達段階　12, 20, 22, 23, 24, 25
発問　54, 64, 65
話し合い学習　54
ハヴィガースト(R. J. Havighurst)　22
パブリックヒストリー　179
伴走者　127, 128, 135, 154
非言語コミュニケーション　86, 87, 88, 91
非対面場面　85, 86
PDCAサイクル　105
非認知能力　137
批判的内省　33
ファシリテーション　55, 57, 75, 76, 77
ファシリテーター　60, 61, 75, 76, 88, 89, 90, 91
フィールドワーク　88, 93, 130, 134
フォーマル教育(定型教育)　14
ふりかえり→「省察」「リフレクション」も参照。　ii, 3, 32, 33, 54, 55, 67, 76, 93, 94, 95, 96, 97, 98, 126, 146, 199, 214

ふるさと学習　ii
ふるさと教育　114, 116, 117, 118, 121, 122
フレイレ（P. Freire）　2, 7, 8, 9, 95
プロジェクト型学習　114, 123, 124, 127, 128, 130, 131, 133
プロセスづくり　219
プロセス・デザイン　61
プロンプター　215, 216
文化的マイノリティ　152
文化的マジョリティ　115, 149, 152
ペダゴジー　12, 13
放課後子ども教室　136, 165
放課後子ども総合プラン　165
放課後子どもプラン　136, 165
放課後の学び　ii, 114, 136
母語支援員　150

ま行

マイクロアグレッション　83
学び合い　i, ii, 16, 54, 55, 85, 91, 92, 159, 160, 161, 168, 198
学びなおし　3, 30, 33, 35, 37, 43, 44, 48, 196
民主主義　40, 41, 57, 68
村を育てる学力　117
無料学習教室　115, 143, 144, 145, 147, 148
メディアコミュニケーション　85, 87, 89

や行

夜間中学校　3, 37, 44, 45, 46, 48
優生思想　192, 195

ユースセンター　210, 212
ユースワーカー　169, 210, 211, 212, 213, 214, 215, 216, 229
ユースワーク　iii, 210, 211, 212, 213, 229
ユニセフ（国連児童基金）　47
ユニバーサルデザイン　79
ユネスコ（国連教育科学文化機関）　26, 37, 42, 47
よい問い　65, 67
予期されていなかった学習　104
四大公害裁判　176

ら行

ライフイベント　20, 22, 23, 24, 25
ライフ・キャリアの虹　19
リカレント教育　3, 30
力量形成　95, 115, 158, 210, 213, 215, 229
リスキリング　3, 30, 31, 43
リフレクション→「省察」「ふりかえり」も参照。　55, 76, 94, 169, 213, 214
レヴィンソン（D. J. Levinson）　23, 24

わ行

ワークショップ　i, ii, 54, 55, 56, 59, 60, 69, 70, 71, 72, 73, 74, 75, 76, 92, 96, 97, 102, 103, 104, 106, 107, 110, 152, 199, 201, 206
ワークショップデザイン　71, 104
ワークショップの運営　55, 74, 104
ワークショップの評価　102

執筆者一覧（掲載順）

荻野　亮吾　（日本女子大学）　　　まえがき・Ⅰ部解説・Ⅰ-3・Ⅰ-4・Ⅱ-1・Ⅲ-7・Ⅳ部解説
近藤　牧子　（認定NPO法人開発教育協会）Ⅰ-1・Ⅰ-5・Ⅰ-6・Ⅱ部解説・Ⅱ-2・Ⅱ-6・Ⅱ-7
丹間　康仁　（筑波大学）　　　　　Ⅰ-2・Ⅲ部解説・Ⅲ-1・Ⅳ-1
森　　玲奈　（帝京大学）　　　　　Ⅱ-3・Ⅱ-7
中村　絵乃　（認定NPO法人開発教育協会）　Ⅱ-4
上條　直美　（フェリス女学院大学）　　　Ⅱ-5
古田　雄一　（筑波大学）　　　　　Ⅲ-2
斉藤　雅洋　（高知大学）　　　　　Ⅲ-3
鈴木　　瞬　（金沢大学）　　　　　Ⅲ-4
池田　春奈　（NPO法人ダイバーシティ工房）　Ⅲ-5
大森　容子　（公益財団法人滋賀県国際協会）　Ⅲ-6
林　　美帆　（岡山理科大学）　　　Ⅳ-2
似内　遼一　（東京大学）　　　　　Ⅳ-3
正木　遥香　（流通経済大学）　　　Ⅳ-4
菅原　育子　（武蔵野大学）　　　　Ⅳ-5
中村　由香　（公益財団法人生協総合研究所）　Ⅳ-6
佐渡加奈子　（認定NPO法人カタリバ）　Ⅳ-7
南　信乃介　（那覇市繁多川公民館）　Ⅳ-8

（所属は2024年10月現在）

■編者紹介

荻野　亮吾　（おぎの　りょうご）
現職：日本女子大学人間社会学部准教授
主な著書に、『地域社会のつくり方 ― 社会関係資本の醸成に向けた教育学からのアプローチ』（単著、2022年、勁草書房）など。

近藤　牧子　（こんどう　まきこ）
現職：認定NPO法人開発教育協会理事・事務局長補佐
主な著書に、『生涯学習のグローバルな展開 ― ユネスコ国際成人教育会議がつなぐSDG4の達成』（共編著、2020年、東洋館出版社）など。

丹間　康仁　（たんま　やすひと）
現職：筑波大学人間系教育学域准教授
主な著書に、『学習と協働 ― 学校統廃合をめぐる住民・行政関係の過程』（単著、2015年、東洋館出版社）など。

＊本書は、JSPS科研費（22K02252、23K25629、24K22772）の研究成果を公表するものです。

地域学習支援論
― 学び合える社会関係のデザイン ―

2025年3月21日　初版第1刷発行

■編　　者 ―― 荻野亮吾・近藤牧子・丹間康仁
■発 行 者 ―― 佐藤　守
■発 行 所 ―― 株式会社　大学教育出版
　　　　　　　〒700-0953　岡山市南区西市855-4
　　　　　　　電話 (086) 244-1268　FAX (086) 246-0294
■印刷製本 ―― モリモト印刷㈱

© 2025, Printed in Japan

検印省略　　落丁・乱丁本はお取り替えいたします。
本書のコピー・スキャン・デジタル化等の無断複製は、著作権法上での例外を除き禁じられています。本書を代行業者等の第三者に依頼してスキャンやデジタル化することは、たとえ個人や家庭内での利用でも著作権法違反です。
本書に関するご意見・ご感想を右記サイトまでお寄せください。

ISBN978-4-86692-344-4

大学教育出版 書籍のご案内

地域教育経営論
学び続けられる地域社会のデザイン

荻野 亮吾・丹間 康仁　編著

地域と学校の連携・協働に基づく「社会に開かれた教育課程」の実現が求められている。学校教育と社会教育の双方の視点から、学齢期に閉じない生涯学習の視野で子どもたちの学びをデザインする知識と技能を地域教育経営という枠組みで示す。『地域学習支援論』の姉妹編。

◆主な目次
第Ⅰ部　地域教育経営の見取り図
第Ⅱ部　地域教育経営の課題と展開
第Ⅲ部　地域教育経営の主体とパートナーシップ
第Ⅳ部　地域教育経営のデザインと評価

ISBN978-4-86692-223-2　定価:本体2,200円+税　A5判　236頁　2022年10月発行

ポストコロナの公民館
22の問いから考える

岡 幸江・内田光俊・荻野亮吾・丹間康仁・池谷美衣子・森村圭介　著

コロナ・パンデミックを経た今、生まれ変わろうとしている公民館・コミュニティ施設がある。公民館等の施設で働く職員が、市民や地域と関わる中で抱く問いを出発点に、公民館の歴史、理論、実践、政策に触れながら、22のトピックから公民館・コミュニティ施設づくりの原則と指針を提起する。

◆主な目次
第1部　ポストコロナ時代の地域と公民館
第2部　ポストコロナ時代の公民館経営
第3部　ポストコロナ時代の事業のゆくえ
第4部　ポストコロナ時代の職員像

ISBN978-4-86692-342-0　定価:本体900円+税　A5判　82頁　2025年2月発行